전주미학

전주미학
지역 역사문화자원을 활용한 스토리텔링

인쇄 2022년 5월 20일
발행 2022년 5월 25일

발행인 서정환
지은이 김창주
기획·편집 이종호
디자인 박옥순, 송행대
펴낸곳 신아출판사
주소 전북 전주시 완산구 공북 1길(태평동 251-30)
전화 (063) 275-4000
팩스 (063) 274-3131
이메일 sina321@hanmail.net
출판등록 제465-1984-000004호
인쇄·제본 신아출판사

저작권자 ⓒ 2022. 김창주
이 책의 저작권은 저자에게 있습니다. 서면에 의한 저자의 허락없이 내용의 일부를
인용하거나 발췌하는 것을 금합니다.
COPYRIGHT ⓒ 2022, by Kim Changju
All rights reserved including the rights of reproduction in whole or in part in any form.
저자와 협의, 인지는 생략합니다.
잘못된 책은 바꿔 드립니다.

ISBN 979-11-92245-77-5 03810
값 17,000원

Printed in KOREA

전주미학

지역 역사문화자원을 활용한 스토리텔링

김창주 지음

신아출판사

지은이의 말

이 책은 다음의 다섯 가지 물음에 대한 답을 찾고 있습니다.

첫째, 지역의 이야기를 찾아서 무엇을 할 수 있을까요?
둘째, 지역의 이야기는 어떻게 찾는 것일까요?
셋째, 찾은 이야기는 어떤 방법으로 활용하거나 응용할 수 있을까요?
넷째, 찾은 이야기가 역사적 사실과 다르다면 어떻게 해야 할까요?
다섯째, 찾은 이야기가 비도덕적이면 어떻게 해야 할까요?

지역의 이야기를 찾아서 무엇을 할 수 있을까요? 작게는 개인과 예술가에게 창제작의 영감과 소재를 주는 보고寶庫로 활용할 수 있습니다. 크게는 공동체에게 우리 동네를 알고, 우리 동네를 알리고, 우리 동네를 가꾸는데 주요한 주제와 소재로 활용할 수 있습니다. 요즘은 이 일을 도시재생이라고 말합니다.

전주의 노송동은 오래된 주택이 많습니다. 이곳에 있는 초등학교 학생들은 아파트로 이사 가는 게 소원이라고 말하기도 합니다. 학생들은 우리 동네의 역사와 문화자원을 공부하기 시작하면서 변화하기 시작합니다. 자신이 공부한 것을 등굣길에 거리박물관으로 만들어 전시하고, 자랑합니다. 우리 동네의 역사문화자원으로 이야기를 만들고 활용해 문화콘텐츠를 만들어냈습니다. 지역의 역사문화자원을 활용한 스토리텔링은 첫째, 고유한 지역 정신의 발현으로 지역 주민의 정체성과 자긍심의 회복, 둘째, 지역문화의 실체와 특성에 대한 올바른 평가와 규명, 셋째, 지역주민의 문제법問題法 계발과 지역문화자원의 개발·활용이 가능합니다.

지역의 이야기는 어떻게 찾는 것일까요? 인터넷 뉴스라이브러리에서 검색하고, 국사편찬위원회 한국사데이터베이스를 활용해 이야기를 하나씩 차곡차곡 쌓아 나가도 좋습니다. 그 다음은 어떻게 해야 할까요? 찾은 이야기는 어떤 방법으로 활용하거나 응용할 수 있을까요? 3장, "지역 역사문화자원의 발굴과 응용"은 조사의 방법과 시행착오를 수정하는 과정과 찾은 이야기를 분류하고 결합해 만들 수 있는 문화콘텐츠의 사례를 제안하였습니다. 또한, 찾은 이야기가 역사적 사실과 다르다면 어떻게 해야 할까요? 또, 찾은 이야기가 비도덕적이면 어떻게 해야 할까요? 3장에서 이 문제에 대해서도 답하고 있습니다.

지역의 이야기를 찾는 과정은 역사적 사실과 거짓을 모두 찾는 일입니다. 그 이야기가 거짓이거나, 비도덕적, 비상식적이어도 활용의 가치를 가지고 있습니다. 도시는 시민이 삶의 지표로 삼아야 하는 정신을 담고 있기도 하고, 충동하는 욕망의 마음도 담고 있습니다. 지역의 이야기를 찾는 과정은 이렇게 내가 사는 곳의 정신과 마음을 탐색하는 과정입니다. 1장, "스토리텔링 전주"는 바로 이런 예시로 참고할 수 있습니다. 1장은 알고 있던 사실과 다른 이율배반적 사건, 기인의 행적, 치열한 삶, 숭고한 인간의 정신, 욕망하는 마음에 대한 이야기입니다. 1장의 참고문헌을 살펴보시면 이야기를 어떻게 수집하고 만들어 가는지 알 수 있습니다.

  2장, "전주·안동의 역사문화자원을 활용한 문화콘텐츠"는 후대가 이어가야 할 이야기를 문화콘텐츠로 개발하는 방법에 대해 제안하고 있습니다. 어떤 역사적 인물을 캐릭터로 만들 때, 창작자는 어떤 부분을 강조하기도 하고 생략하기도 합니다. 또한 과거의 인물이지만, 현재의 미적 감각을 투영합니다. 이야기(story)를 말하는 일(telling)은 화자의 주관성이 적극적으로 개입할 때 문화콘텐츠로서의 가치를 확보할 수 있습니다. 2~4장은 바로 이 telling에 대해 서술했습니다.

  이 책이 지역의 역사문화자원을 활용해 이야기를 찾고, 활용하는 분들에게 작게나마 도움이 되었으면 합니다.

2006년 봄부터 2022년 봄까지
김 창 주

차례

지은이의 말

| 1장 |

스토리텔링 전주

- 13 ── 도시 공간의 빛과 그림자
- 16 ── 500년 된 거문고
- 19 ── 비파의 명인 송경운
- 23 ── 빙수와 여성해방
- 28 ── 담배와 당신의 식구
- 33 ── 곶감의 이율배반
- 38 ── 비빔밥의 문화원형
- 44 ── 전주의 마지막 책쾌冊儈
- 48 ── 입체영화와 덕진공원
- 53 ── 독립운동가, 기생 그리고 생강
- 60 ── 영화 '춘향전'과 기생
- 64 ── 수수깡 안경 검은 보자기
- 68 ── 매머드의 꿈
- 73 ── 모기 보고 칼 빼기
- 79 ── 잡화상의 출세
- 83 ── 은행나무 지장당
- 88 ── 보물과 도굴
- 92 ── 공중을 수차 배회하다 비상 착륙
- 96 ── 전주역과 성냥갑 열차
- 102 ── 무전여행과 오춘기
- 107 ── 부채와 근대화가 이인성

| 112 | 왕골菀草의 추억
| 115 | 전주청년동맹배달인조합과 노동절
| 120 | 3월 1일에 졸업식도 못하나
| 125 | 구두 광내기와 촌지
| 131 | 모악산母岳山인가? 무악산毋岳山인가?
| 137 | 태조어진 봉안행차의 진화
| 141 | 전주문화특별시

| 2장 |

전주·안동의 역사문화자원을 활용한 문화콘텐츠

| 149 | 전주·안동의 역사문화자원을 활용한 문화콘텐츠

| 3장 |

지역 역사문화자원의 응용과 과제

| 165 | 지역 역사문화자원의 응용과 과제

| 4장 |

동문예술거리의 산책과 술책

| 201 | 동문예술거리의 산책과 술책

| 229 | ■ 미주

| 1장 |

스토리텔링 전주

도시 공간의 빛과 그림자

역동적 공존의 문화

전주는 『주례고공기周禮考工記』를 기준으로 도시가 배치되었다. 좌묘우사左廟右社의 원리가 적용되어 좌측에는 경기전과 우측에는 사직단이 자리 잡고 있다. 근대기로 접어들면 역동적인 공존의 문화를 엿볼 수 있다.

경기전이 왕의 사당이라면, 그 앞에 자리한 전동성당은 중인의 문화를 대변한다. 이곳에서 15분 거리에 있는 교동의 향교는 선비 문화의 한 단면을 볼 수 있다. 향교 앞의 남천교를 지나면 서학동이 자리하고 있다. 이곳에는 본래 감영의 사령들이 살았다. 『전주부사』에 의하면, 동학교도들이 패주한 후 부채와 우산을 만들어 남고산에서 생계를 이어나갔다. 이와 같이 전주 도시공간의 배치는 역동적인 공존의 문화를 담고 있다. 단적인 예가 전주인이 지켜낸 「태조어진」과 『조선왕조실록』이다. 어느 한 세력이 권력을 쥐었다고 해서 다른 문화를 극단적으로 훼손하지 않았다.

일제강점기 도시공간

초대 전라북도 도장관 이두황은 철도 유치를 위해 전주 유지들을 설득하지만, 유지들은 반대한다. 이 유지들은 바로 회사를 설립하고 1914년 전주와 익산 간에 사설 철도를 개통한다. 이후 이 철도는 국유화된다. 현 전주시청에 있던 전주역은 왜식 또는 서구식이 아닌, 한옥의 형태로 1929년 지어진다. 이 무렵 전라북도 내의 중소지주들은 자녀의 신식 교육을 위해 전주로 나오게 된다. 이때 조성된 것이 지금의 한옥마을로 집장사가 일정한 규격으로 지은 것이다. 이것을 일제에 대한 저항으로 해석하는 서사구조는 허구다. 1931년에는 「전주안내도」가 발간되어, 전주의 명소와 유흥점, 요리점, 숙박업소를 소개하고 있다. 관광자원화된 것이다.

높지 않은 언덕임에도 전주를 조망할 수 있는 다가산에는 전주신사가 세워졌고, 신사참배를 거부한 신흥학교는 학교를 폐교하기도 했다. 각 학교에는 일본 신사인 봉안전이 세워졌다. 또한 앞서의 한옥들은 일본식 현관을 내지 않으면 허가를 내주지 않았다. 해방 후 학생과 주민이 가장 먼저 한 일은 이 봉안전과 일본식 현관을 때려 부수는 일이었다. 당시 가장 번화한 상권이었던 은행목통(구 보건소, 은행나무거리)에서는 하수구를 내기 위해 육백 년이 넘는 은행나무를 베어내고, 대신 그 나무로 지장보살(88개의 영장)을 만들어 놓고, 게이샤를 불러 매년 일본식 축제를 개최했다. 일제강점기 일본 신을 전주에 재배치시키고, 그들의 축제로 재구성한 것이다.

도시의 양가성

　노송동은 현재 다소 낙후된 곳이다. 이곳에서 근현대화 속 도시의 양가성을 읽을 수 있다. 노송동은 후삼국 시대 견훤의 성이 있었다고 말하기도 하는데, 물왕멀이란 지명이 있다. 물이 많아서 물왕멀이라고 증언하는 사람은 평생 물 걱정 없이 살았다고 말하고, 그 주위에서 살던 다른 주민은 물이 없어서 평생 고생하면서 살았다고 한다.

　노송동에 있던 전주역에서 흘리던 눈물은 누군가에게는 만남의 기쁜 눈물이었고, 누군가에게는 이별의 슬픈 눈물이었다. 이곳에 있던 속칭 피병원에 대한 증언 역시 상반된다. 헌혈의 집으로 증언하기도 했지만, 한편으로는 일제강점기 피를 빼 마루타를 실험하던 곳이란 증언도 공존한다.

　권삼득로를 따라 북쪽에는 큰 교회가 양쪽으로 마주 보며 진리의 불을 밝히고 있으며, 반대편인 남쪽에는 홍등가의 욕망의 불이 켜진다. 도시의 빛과 그림자가 공존하고 있다. 성매매 집결지였던, 노송동의 선미촌은 2021년 현재 여성인권과 문화예술복합공간으로 재생되었다.

500년 된 거문고[1)]

500년 된 거문고

1979년 완주군 화산면 화월리에서 500년 된 거문고(길이 159cm, 너비 19.3cm)가 발견된다.[2)] 6개의 현을 가진 거문고는 기타의 지판에 있는 플랫처럼 괘가 있다. 대나무로 만든 나무 막대기 모양의 술대를 사용해서 연주한다. 소리가 깊고 장중해서 예로부터 '백악지장百樂之丈'이라 일컬어졌고, 학문과 덕을 쌓은 선비들 사이에서 숭상을 받았다.

누구의 거문고일까? 거문고의 임자를 알리는 글귀가 전자篆字 체로 음각되어 있었다. 탁영금濯纓琴이었다. 당시 전북대학교박물관은 이 거문고가 연산군 때, 무오사화(1498)로 희생된 "탁영 선생의 소장품으로 문화재적 가치가 높다고 평가하고 고증[3)]"한다. 직필直筆의 사관史官, 김일손(1464~1498)이 사랑한 거문고가 500년 만에 세상에 나온 것이다.

땔감으로 거문고를

무오사화는 훈구파가 사림파를 제거하기 위해 사초史草를 정치적으로 이용한 사건이다. 사초는 공식적인 역사편찬의 자료가 되는 기록으로 실록의 편찬이 완료되면 세초洗草된다. 세초를 통해 파기되어 비밀에 붙여야 하는 문서를 훈구파가 정치적으로 이용한 것이다. 세조의 왕위찬탈을 풍자해 지은 「조의제문弔義帝文」이 문제가 된 사초였다. 훈구파의 정치공작으로 사림파는 큰 화를 당한다. 김일손은 극형에 처해졌고, 그의 스승인 김종직은 부관참시剖棺斬屍를 당한다.

직필은 무엇에도 영향을 받지 않고 사실을 그대로 기록하는 것, 또는 그렇게 적은 글을 뜻한다. 꺾이지 않는 직필의 정신을 보여준 그가 사랑한 탁영금 역시 사연을 가지고 있다. 김일손이 마을을 산책하다가 오동나무가 불에 타는 소리를 듣는다. 거문고의 몸체를 형성하는 오동나무가 좋아야 울림이 좋은 것은 당연하다. 그런 좋은 오동나무는 불에 타는 소리도 좋다. 이 나무 타는 소리에 끌려 그가 한 노파의 집 앞에 도착하는데, 노파가 문짝을 뜯어 땔감으로 쓰고 있었다. 족히 백년은 된 문짝을 하나는 이미 땔감이 되었고, 다른 한 짝이 땔감이 되려는 찰나에 꺼낸다. 이 문짝으로 만든 거문고가 바로 탁영금이 된 것이다.

이렇게 자신이 구한 나무로 직접 거문고를 만들려고 할 정도로 선비들은 거문고에 대한 사랑이 깊었다. 김일손은 탁영금이라고 음각한 이 거문고를 늘 곁에 두고, 정신 수양의 악기로 마음을 다스렸다. 발견 당시 옻칠된 오동나무에 팽팽하게 6개의 줄이 매여 있었고, 줄을 받쳐주는 괘와 20점의 부품 모두 깨끗이 보존되어 있었다. "보관상태가 좋아 요즘 새로 만든 거문고 보다 소리가 좋앉다⁴⁾"는 기록을 보면 놀랍게도 발견 당시 연주가 가능했다. 그가 마음을 수양한 그 거문고는 어떤 울림을 내었을까?

전주의 마음

1964년 완산동에 있던 청학루를 개수해 전주국악원으로 개원한다.⁵⁾ 명인의 증언에 의하면 전주국악원은 한국전쟁 직후에 개원한다.

"전주에 6·25사변 직후에 '전주국악원'이라고 있었어. 성당 옆에 팔달로가 개설되었지만 그 전엔 골목이었어.⁶⁾ 6·25 후에 전동성당 서쪽 골목에 국악원이 있었어요. 그게 누가 만들었냐면 사업하던 전경석 씨라고 허시는 분이 그림 그리고 글 쓰시는 김희순(1886~1968) 씨라고 허는 분허고 돈을 내고 모자라는 돈은 은행에서 빚을 내가지고 그 집을 샀어요.⁷⁾"

선비의 정신과 전주의 마음은 이렇게 악기의 울림과 음률로 이어지고 있다.

비파의 명인 송경운[8)]

사라진 비파

　가야금, 거문고와 함께 삼현으로 알려진 악기가 향비파다. 비파는 2,000년이 넘는 긴 역사를 가진 악기다. 사찰에 가면 사천왕 중 지국천왕이 이 비파를 들고 있다. 실제 크기는 통기타와 크기가 비슷하거나 조금 작다. 모양은 표주박을 반으로 잘라 놓은 모양새이다.

　가야금이나 거문고에 비하면 생소한 악기이지만, 조선시대 악공 선발시험에서 기본적으로 비파를 연주할 줄 알아야 했다. 우리나라의 대표적인 전통현악기로 삼현 중에 하나라고도 불리어졌지만 1940년대를 마지막으로 거의 단절이 되었다. 이때 악기를 만드는 법, 연주방법, 악보 등 많은 관련된 것들이 사라졌다. 1943년 9월 2일 경성방송국 선곡표를 보면 비파독주가 나온다. 1980년대 이후 악기 복원 사업이 있었고, 1990년대 이후에 한은영 씨가 중국에서 비파를 공부해 와서 국내에 거의 맥이 끊긴 비파가 다시 연주되기 시작했다.

　고구려 음악에 이 비파가 공후(공무도하가에 나오는 악기, 하프와 비슷하다)와 함께 사용되었다. 이때는 비파를 현이 다섯 개라는 뜻으로 '오현'이라고 불렀다. 오현은 다섯줄의 현악기로 곧은 목을 가지고 있고, 표주박 모양의 울림통을 가지고 있다. 이 오현이 통일신라로 전래되면서 새롭게 향비파로 불리어 진다. 『삼국사기』에는 통일신라시대 음악에 쓰인 세 가지 악기를 삼현이라고 했다. 향비파 음악은 212곡이 있다고 기록되어 있다. 어떤 선율인지는 알 수 없다.

비파의 술대

비파는 일본에도 전래가 되었다. 일본 왕실 보물 창고인 '정창원'에 두 대의 비파가 전해져 온다. 한국의 비파는 중국, 일본과 다른 점이 있다. 거문고는 술대를 이용해서 현을 튕기는데 술대는 길쭉한 나무막대기다. 기타의 피크를 생각하면 될 것 같다. 조선시대 음악책인 『악학궤범』에는 향비파의 술대를 잡는 법을 그림으로 기록하고 있는데, 중국이나 일본에서 비파 연주에는 술대를 사용하지 않는다. 아쉽게도 현재는 우리나라에서 연주하는 비파도 술대를 거의 사용하지 않는다.

일부 학자는 거문고의 연주기법을 수용해서 외래의 악기인 비파를 자주적으로 사용했다고 해석한다. 기타의 경우에는 삼각형 모양의 피크를 사용하는데 피크를 사용하면 속주가 가능하다. 손가락으로 튕길 때 소리가 부드럽다면, 피크를 사용하면 소리가 더 다이내믹해진다. 리듬이 살아나는 효과를 얻을 수 있다. 현재는 술대의 사용을 정확히 고증할 수는 없지만, 술대를 사용한 강렬한 연주가 있지 않았나 추측해 볼 수 있다. 술대를 사용하는 우리만의 독특한 연주기법이 역사 속으로 사라져 그 연주 모습은 상상해 볼 수밖에 없다.

지극한 경지

17세기에 유행어가 있었다. 지극한 경지에 오름을 칭찬할 때 인용하는 말이었다. "송경운의 비파 솜씨 같구나!"라는 말이다. 이 이야기는 이기발이라는 당시 전주 출신의 양반이 쓴「송경운전」에 전해져온다. 송경운은 9살에 비파를 배우기 시작해서, 열두 살에 이름을 날렸다. 사대부의 각종 연회에 불려 다녔는데, 신기에 가까운 기교 때문에 가는 곳마다 환대를 받았다. 서울에서 인기가 많았던 송경운이 1627년 정묘호란이 일어나자 난을 피해서 전주에 살았다.

평소 비파 소리를 접하기 힘들었던 전주 사람들은 서울에서 비파 악사가 내려왔다는 소문을 듣고 그의 집에 몰려들었다. 집이 늘 인산인해를 이루었고 찾아오는 사람이 가마를 메는 천한 사람일지라도 하던 일을 멈추고 비파를 연주했다. 이들이 실컷 음악을 감상한 후에 비파를 내려놓았고 반드시 노래의 법도를 갖추어 비파를 탔다. 이러한 삶을 20여 년간 지속한 송경운은 전주사람들에게 존경의 대상이 되었다.

어떤 음악을 연주했을까? 송경운 자신은 옛 노래를 좋아했지만 "음악이란 사람을 기쁘게 함을 위주로 하는데, 음악을 듣고도 즐거워하지 않는다면 사람에게 무슨 유익함이 있을까?"하면서 금조, 즉 유행하는 노래를 섞어 연주해 평범한 사람들이 좋아하는 음악을 구사하려고 노력했다. 73세에 타계하기까지 수십 명의 제자를 배출했다고 전해진다.

복사꽃과 오얏꽃

송경운 명인은 당시 전주의 어디쯤에서 살았을까? 이기발이 전주의 서쪽에 있던 빙치, 우리말로 하면 얼음고개에서 전주성 내에 복사꽃과 오얏꽃이 가득 핀 풍경을 감상하다 송경운을 만난다. 조선시대 전주에도 다가산 아래 얼음을 보관하던 빙고장이 있었다. 그래서 빙치는 다가산 부근으로 추측이 된다. 송경운은 전주성의 서쪽에 살았다. 지금의 서문 부근에 살았다. 지금도 부근에 뜬금없이 기타학원, 악기점이 있다. 앞에서 수십 명의 제자를 배출했다고 했는데 뜬금없이 있는 게 아니라 그 내력이 있다고 볼 수 있다. 누군가 사실이냐고 물어보면 이것이 바로 '스토리텔링'이라고 말하곤 한다.

송경운이 활동하던 당시 전주 풍경은 어땠을까? 완산의 옛 풍속에 뜻을 같이하는 사람들끼리 계를 하면서 서로 협동하고 재물을 모아 서로 돕는 일이 있었다라고 전하고 있다. 전주는 큰 도회지여서 인물이 동방에 으뜸이지만 백성들이 화려함을 숭상하지 않았다. 그런데 송경운이 이사를 온 이후로 비파 소리를 즐겨하지 않는 사람이 없었다. 예술가 한 사람의 위대한 힘을 볼 수 있는 장면이다.

빙수와 여성해방[9]

인조빙과 천연빙

20세기 초 일제가 조선을 병탄할 목적으로 통감부(1906~1910)를 설치한다. 이때 부산수산조합이 최초의 제빙공장을 시설한다. 1923년에는 군산갈석제빙회사가 시설되었고, 1927년부터 조선총독부가 사업발전을 목적으로 보조금을 교부한 이후부터 제빙회사 설립에 가속도가 붙었다. 1932년에는 조선 전역에 25개소의 제빙 냉동고가 설치되었지만, 제빙업은 전부 일본인의 소유인 회사조직이었다. 조선 사람이 경영하는 제빙회사는 없었다.[10]

이런 인조얼음도 있었지만 당시에는 겨울 하천에서 채취한 천연얼음을 보관해 여름에 사용하곤 했다. 전주에도 얼음을 저장하기 위해 굴을 파놓았던 빙고(얼음 창고)장이 있었다. 위치는 구 예수병원 아래로(다가공원의 아래쪽의 어린이집 내 뒤편), 현재 서완산동 부근이며 과거에는 이 마을을 '빙고리'라고 불렀다.

1925년 1월 "전주에 유일한 다가교 아래 스케이트장은 근일에 미국선전사측에서 두터운 얼음을 모두 파가버려 운동가의 불평거리라고, 이기행동은 야소교의 새 진리인가?[11]"라는 야유 섞인 기록과 얼음을 채취한 흔적을 찾을 수 있는데 이렇게 채취한 얼음은 식용뿐만 아니라 의료용 등 다양한 용도로 사용되었다.

얼음을 둘러싼 기록을 보면 근대 한국의 위생, 성, 자본의 문제를 살펴볼 수 있다.

빙수와 라무네

1921년 7월 여름, 국내 각 지방에 전염병이 유행하자 조선총독부 경무국에서는 경성, 용산, 영등포, 인천 등지에 천연빙을 보관한 창고를 가진 사람을 일일이 단속한다. 이때 조선천연빙주식회사 등 저장된 얼음에 유해물이 혼합되어 있어 판매를 금지하고 삼백오십만 관(약 13,125톤)의 얼음을 판매 금지 시킨다.[12]

당시 경성 내 청량음료를 판매하는 빙수장사는 일본인이 187처, 조선인이 230처로 합계 417처, 세금으로 한 달에 630원, 이중 10원의 세금을 내는 자는 일본인 2명, 5원(1920년 금 한 돈 가격은 5원 50전)의 세금을 내는 일본인 42명, 조선인 2명, 나머지는 모두 1원의 세금을 내고 있었다. 조선인 상점의 수가 훨씬 많아 보이지만 대부분 영세한 업주로 1원의 세금을 내는 상인들은 점포 없이 거리를 돌아다니며 빙수를 팔던 사람들이었다.[13]

같은 해 8월 경성 시내에 있는 빙수점에서 좋지 못한 얼음과 부패한 사이다, 라무네(레몬에이드의 일본식 발음) 등을 판매하는 상인들이 많이 있음으로 경찰 위생과에서 단속하여 부패한 사이다 1,280병, 맥주 150병을 폐기 처분한다. 당시 얼음영업은 음식용으로 사용하는 얼음과 잡용으로 사용하는 얼음 두 종류가 있어서,

여름에 식용 얼음이 부족하거나 값이 오르면 얼음 장사들이 잡용을 식용으로 판매하는 일이 있었다.14) 같은 해 12월 조선총독부에서는 단속 규정을 개정해 잡용을 폐지하고 음식용 얼음만 판매케 한다. 얼음을 채취하려면 신청만 하면 되었지만 이후 얼음을 뜨려는 곳의 하천사용허가를 얻은 후 다시 채취 신청을 해야 했다.15)

빙수가가의 신영업방침은 여성해방?

가가假家는 조선시대 '방'보다는 큰 규모의 가게를 말한다. 같은 해 8월 무더위로 인해 평양 신시가에는 빙수영업자가 증가하면서 당시 표현을 빌리자면 가게간의 '경쟁이 극렬'해 진다. 빙설이라고 홍색백색의 큰 기를 문 앞에 내걸고 천자만홍(千紫萬紅: 울긋불긋한 여러 가지 꽃의 빛깔)으로 외면을 교묘히 장식, 후실 내는 만국기를 달아 놓고 홍보에 열을 올린다. 그런데 문제는 13~14세의 소녀를 일본인 하녀 모양으로 얼굴에는 분칠을 하고 일본 게다(げた: 일본 나막신)에 이상스런 치마를 입히고 손님을 접대하게 한다. 어떤 곳에서는 일본 유가다(ゆかた: 여름철에 입는 무명 홑옷)를 입히고 되지도 않는 일본말을 서투르게 하며 주문을 받았다. 신상권을 중심으로 일본 문화가 들어온 풍경이다.

당시 신문지상의 논평에는 "신구시가 사이에 이와 같은 곳이 없는 곳이 없다. 이렇게 성행하게 된 것은 빙수집에 소녀를 둔 후로 빙수영업이 흥왕하여 이전보다 4~5배의 빙수를 팔게 된 연고라 한다. 상점이 흥하는 것은 칭찬할 일이지만 신문사로 투고 한

장이 왔는데 근래 신구시가에 신유곽이 생겼는데 빙수점 여자들은 여기에 대해 좀 생각해 볼 필요가 있다"라고 말하고 있다. 덧붙여 "남녀평등, 여성해방을 말하는 이때에 여자가 돈을 버는 것이 무슨 흠이나 잘못이 아니지만, 조선은 아직 일본과 같이 여자 사용을 하여 본 일이 없는데, 갑자기 이와 같은 일이 일어나니, 호기심 많은 남자들이 장난을 시작하여, 풍기문란의 오풍이 일어남을 간과할 수 없다. 주인 된 자는 극히 주의하고, 당국자는 엄중한 단속을 가함이 맞다. 이와 같은 일은 조선 습관에 가합치 못한 것[16]"이라고 세태를 비판하고 있다.

악착한 돈

1922년 7월 경성의 빙수장사의 수는 579명으로 전 해보다 200명 정도 늘었다. 여름 한철 보름 동안만 일기가 좋으면 설비한 비용을 제하고 두서너 식구가 일 년 동안 먹고 살 것을 번다는 소문이 있을 정도로 이 빙수장사가 성업했다. 이중 조선 사람이 349명으로 빙수장사세금을 "작년에 1,259원에서 금년에는 2,000원을 예상[17]"한다. 실제로 이 예상은 적중하지만 보름 일하고 일 년을 먹고 살 수 있다는 표현은 과장된 것이다. 다음 해 6월 신문기사에서 "아이스크림 장사는 이리저리 돌아다니는 가련한 장사들이 많은데, 이들에게 2원의 세금을 받고 있다. 이것은 좀 악착한 일이다. 이 악착한 돈을 작년에 경성부에서는 2,000원이나 받아먹었다. 금년에도 경성부에서는 코 묻은 돈을 더 벌겠지[18]"라며 당국을 비난한다.

쓰레기통대장과 밑천 없는 빙수장사

1925년 8월에 빙수점의 풍기문란이 또 다시 신문지상에 등장한다. "금년에는 웬일인지 빙수집에 들어서기만 해도 인육시장에 나간 듯이 구역이 난다. 빙수가가하는 양반들은 돈도 좋지만 한편으로는 얄밉기도 한데, 그 구역도 나는 색시들은 좀 치우는 게 어떨지, 불량한 중학생 쓰레기통대장들의 코 묻은 푼돈이 아니더라도 달리 돈벌이가 많을 터이니까[19]"라며 빙수점주와 불량한 중학생들의 행태를 고발하고 있다.

당시에는 신문지상으로 경찰서에 민원을 넣는 코너가 있었던 모양이다. "요사이 빙수가가에는 나이 어린 계집아희들을 데려다 두고 색주가 모양으로 각색소리와 음담패설을 마음대로 하니, 점잖은 사람은 어디 빙수나 사먹을 수 있습니까?"라고 하자, 종로서에서는 "그렇게 심한가요. 여급사로 나이 어린 여자를 두고 있는 빙수가게는 우리 관내에도 상당히 많습니다만, 만약 그렇다면 풍기문제가 되니 엄히 단속하겠다.[20]"고 답하고 있다.

1926년 5월 빙수가가의 풍경은 "얼음 빙자를 써서 문 앞에 달아놓고, 구슬을 엮어 주렴을 드리웠다. 얼음을 가는 소리와 빙수가 싸구려, 차고 달고 시원해요, 목마른 데는 제일이오, 얼음 1관에 7전이고, 딸구물, 파나나물은 한 병에 삼십 전 내외, 세태의 별한 풍속인지 작년여름에는 빙수를 찾는 사람이 어린계집애가 있는 빙수점으로 많이 출입하였는데, 금년 여름에도 그런다면 밑천 없는 빙수장사는 없는 걱정을 더하게 되었다[21]"고 쓰여 있다.

담배와 당신의 식구[22]

서초는 전주 8미

전주 8미 중에 하나가 서초다. 서초는 담배를 말하는데 서양에서 와서 서초라고 하는 사람도 있고, 보통 국어사전에서 서초는 "평안도에서 나는 질 좋은 담배"를 말한다고 쓰여 있다. 소양면 대흥골과 상관면 마치골 담배가 맛이 좋았다고 하는데 이 8미를 누가 언제 정했는지는 모르겠다. 1921년 전국 연초제조소는 전주, 경성, 평양, 대구 등 네 곳이 있었다.[23] 전주는 전라남도, 전라북도, 제주도, 충청남도, 충청북도(영동, 옥천) 등 5개도를 관할하는 전매국을 두고 있었다.[24] 당연히 막대한 수익을 올려 좋았을 법 하지만, 농민들에게는 아니었다. 일제강점기 여직공들이 연초제조소에서 근무하기를 꺼려해, 소개해 주는 사람에게는 3원의 사례비를 주기도 했다.[25] 또 농민들은 담배농사를 기피했다. 당시 전매청에서 근무한 원로의 증언에 따르면 해방이 되고 나서야, 전매청에 들어오려고 "바가지가 터졌[26]"다.

연초전매령과 담배 단속

1921년 4월 전주군에서 연초를 경작하는 백여 명의 농민이 담배 값을 너무 헐하게 정했다면 일제히 손에 담배를 들고 군청에 뛰어 들어와 군리원(공무원)과 승강이를 벌였다. 일본인 공무원 두 명이 경상을 당하고 헌병대와 경찰관이 출동한 뒤에 해산되었지만, 주모자 5명은 경찰서에서 취조를 받는27) 사건이 발생했다. 같은 해 7월부터 시행하는 연초전매령 18조에 의해 민간인이 생산하고 판매하던 담배는 "연초도매인이나 연초소매인이 아니면 연초를 판매할 수 없28)"게 되면서, 조선총독부가 전매권을 갖게 된다. 이에 민간이 허가 없이 생산·판매하는 것을 단속하였다. 1922년 2월의 한 풍경이다. "조선총독부 전매국 나리들에게 한 말삼 충고하노라"라는 내용인데, 삼례역전 만리여관에 묵던 전주전매지국 나리들이 시장에서 담배를 단속, 담배를 압수한 사건을 고발한 것이다. 전매국이 담배 토색질을 한다29)고 비판한 기사다.

이렇게 판매에 대한 단속도 있었지만, 경작에 대한 단속도 있었다. 1922년 7월 충청남도 청양군에서는 전주전매지국이 심은 면적에 초과하거나 더 심은 담배를 일일이 뽑게 해, 연초 전매로 실업자가 속출하고 있다30)는 기사를 볼 수 있다. 1930년 12월에는 극단적인 사건이 발생한다. 전주연초전매지국 단속원이 장수군 계북면 원촌리에서 임산부를 곤봉으로 난타하여 임산부가 두 달 동안이나 신음하다 절명한 사건이 벌어진다. 속병에 생담배 잎을 삶아 먹으면 좋다는 이야기를 듣고 동네 사람의 밭에서 잎을 한줌 얻어 집에 보관했는데 이것을 전매국 단속원이 적발한 것이다. 어디서 따왔냐고 임산부를 때리자, 법률에 위반되었으면 고소할 일이지 사람을 왜 구타하냐고 남편이 항변하였고, 부부를 같이 폭행, 두 달 후 부인이 사망한 사건이었다. 남편은 당시 진단서를 내어 고소를 제기할 수도 없을 정도로 가난한 처지였다. 이 억울한 사연을 접한 기자가 "경찰 당국에서는 이 사건을 어떻게 처리할 터이오?"라고 묻자 주재서 순사는 "글쎄요. 본서에 보고는 하였는데 아직 아모 말이 없소"31)라고 답한다. 이후 사건 전개는 더 찾아 볼 수 없었다.

금주단연운동과 기괴한 통문

1923년 2월 전주에서도 민족경제 자립운동이었던 금주단연운동이 있었다. 전주노인계부터 전주권번기생까지 "전주군내 각처에서 단연 금주 소비절약 토산물 애용을 실행하는 기세가 자못 맹렬해, 연초장사들은 담배가 팔리지 아니함에 폐업 속출32)"했다는 기사를 볼 수 있다. 같은 해 3월에는 연초 경작을 전폐한다는 기사가 있었다. 전주군 구이, 상관, 소양 삼면은 전매국이 생긴 후 지정 연초 경작지가 되었다. 농민들이 경작을 거절하자 전매국에서는 경작을 권유한다. 구이면 안덕리 김군옥은 담배 여든 발을 지고 삼십 여 리나 되는 전매국까지 갔지만 40원 어치 담배를 4원 밖에 받지 못하고, 계곡리 김복선은 30원어치 담배를 2원 밖에 받지 못했다는 기사를 볼 수 있다. 이렇게 경작을 거절한 이유는 담배 값을 태가(駄價: 운송비)도 되지 못하게 무리한 가격으로 전매국이 사들이자 단연동맹이 벌어진 것이다. 또 담배농사를 짓는 사람이 "자기가 먹기 위해 부스러기나 모아 둔 것을 발견하면 불에 태워버리는 무리한 일이 있었33)"다.

1925년 1월에는 전주에 "기괴한 통문"이 배달된다. 전주연초전매지국에서 전주시내 집집에 우편으로 발송한 우편물인데 내용은 "당신 집에서는 평소에 무슨 담배를 피우시오, 그 담배는 어느 곳 무슨 전(가게)에서 사시오, 당신의 식구는 몇 분이나 되시오, 당신 식구가 일 년에 얼마의 담배를 피우시오, 지금 가지고 계신 담배는 무슨 담배요, 또 얼마나 되시오. 전매국원이 출장할 터이니 그때 제출(중략) 부정한 담배를 가지고 있으면 처벌(중략) 각종 담배이름과 정가를 기록"한 우편물이었다. 집집마다 단속할 정도로 전매국이 막강한 권력이 있냐며 가혹한 제도34)라는 비판이 덧붙여 있다. 단순한 설문조사로 볼 수도 있겠지만, 담배가 전매되는 과정에서 나타난 부작용을 알 수 있다.

담배는 국가 재정수입

조선총독부에서는 담배, 소금, 홍삼, 아편을 전매했다. 일제강점기 전주전매국에서 근무한 원로의 증언에 의하면, "전라도에서는 아편을 임실, 관촌, 심평, 신덕에서 시작은 했지마는 성공은 못했죠. 함경도에서 많이 했어, 아편 농사를. 그러니까 전매도 무턱대고 한 것이 아니고, 담배는 국가 재정수입을 늘리기 위해서 한 것이고 소금은 국민이 절대 필요하니까 한 것이고, 그리고 아편은 (조선총독부가) 건강을 보존한다며 한 것이지. 전주에서는 담배하고 소금만 했35)"다.

일제강점기 농민은 담배농사를 전폐하고 단연운동을 벌였지만 "전매국이 그 당시에 있어서는 전주에서 상당히 비중이 큰 기관이었어. 예를 들자면 도지사가 칙임관이라 해서 지금은 이사관 그러지만 그때는 칙임관이고 전매국장이 주임관인가 됐어요. 칙임관은 천황이 직분을 가진 사람을 그렇게 대접을 했고 전매국장이 주임관 그러니까 칙임관 밑에 있는 계급이지. 관용차를 배정할 때에 도지사하고 전매국장하고 외제차를 탔어요. 법원장하고. 그런데 관등별로 번호를 부여했던가봐. 도지사가 5번 전매국장이 6번인가 그렇게 달고 다녔36)"다는 증언에서 볼 수 있듯이 일본인 전매국 관료는 상당한 대우를 받았다.

곶감의 이율배반[37]

곶감과 호랑이

곶감과 호랑이, 자동차 관광이 공존하는 일제강점기 전주에 대한 이야기다. 1929년 8월 한낮에 전주군 이동면 노송리에 큰 호랑이가 자주 출현한다.[38] 곶감 때문일까? 호랑이는 동리 사람들에게 쫓겨 기린봉으로 도주한다. 얼마나 큰 호랑이였을까? 1921년에 포획된 대호大虎의 무게가 200관이 넘었다[39]는 기록이 있다.

곶감과 자동차 관광

1923년 6월에 필명 월봉생(한기악, 1898~1941)의 대아저수지 기행문이 있다.

"오전 9시 30분 이리역(현 익산역)에서 13대의 자동차에 분승하여, 전주군 동상면 소재 대아저수지를 답사하기 위해 출발했다. (중략) 어제 밤 세찬 비에 요철이 심한 삼등도로를 달려 자동차 고장이 빈번했지만, 초화草花와 바람이 상쾌했고, 미륵사지와 왕궁리오층석탑을 지나(중략), 삼례는 상점이 즐비하고 사설철도의 주요역이다. 정미업이 왕성하다.(중략) 생강의 주산지인 봉동을 지나, 건시 명산지인 고산에 도착, 대아저수지에는 정오에 도착한다.40)"

대아저수지는 1922년에 완공되었다. 당시에는 신문사를 주관으로 국내 주요 명승지를 기차와 자동차를 이용해 여행하는 탐승(探勝)단이 유행했다. 1930년대에는 금강산, 지리산, 내장산 탐승단을 모집하는 신문광고를 쉽게 볼 수 있다. 꽤 성황이었던가 보다. 내장사 앞까지 요리점이 성행해 밤늦게까지 불이 꺼지지 않는다41)는 비판의 목소리도 있었다. 1935년 충남 노성(현 논산)에서 출발하는 내장산 탐승단은 정원 20명에 왕복요금은 4원이었다.42) 이때 고도 전주와 경주 역시 일본인 내지 관광객을 끌어 들이기 위해 다양한 홍보를 시도한다.

전주를 조선왕조의 발상지로 신문지상에 소개하면서 관광지화 하는 모습을 볼 수 있다. 1931년에는 전주의 주요시설과 유적지의 사진을 담은 관광지도인「전주 안내도」43)를 발간한다. 지도의 뒷면에는 전주의 요리점과 상점, 극장, 병원, 여관 등의 전화번호를 안내하고 있다.

경주 역시 비슷하다. 골동품을 좋아하는 총독이 비공식 방문하기도 하며 기생의 사진을 담은 엽서가 발간되어 일본에 소개44)되기도 한다. 스탬프 투어도 유행했는데 신사 마다 기묘한 도장을 만들어서 여행수첩에 찍어 주었다.

곶감은 사치품

1920년 곶감 한 접 가격이 4원 50전45)이었다. 1921년 중국산 곶감이 2원에서 3원 50전 가격으로 수입46)된다. 당시 경성금은상조합의 금 한 돈 가격은 5원 30전47)정도였다. 1922년 설날에는 국내산 곶감 가격이 세 배로 폭등48)한다. 1924년에는 미국산 건과인 건포도가 수입되는데 중국산 건시와 함께 최대 60% 정도의 사치품수입세가 부가된다. 중국, 영국, 대만에서 수입하는 홍차는 3배의 증세49)가 붙었다.

이렇게 귀한 곶감은 선거 유세장에도 등장한다. 1927년 함경남도 홍원군 도평의원 선거에서 부호인 후보자가 유권자에게 곶감을 배급하였는데 당시 신문기사는 이렇게 보도한다. "건시로 유권자가 매수될 일 없으니, 자기나 먹고 보신하라50)" 1930년대에는 여우를 잡기 위해 건시에 폭약을 설치하는데, 배고픈 아이들이 먹고 폭사했다는 가슴 아픈 기사가 겨울철마다 등장했다.51)

1935년 중국총영사관에서는 건시의 수입세율을 완화하기 위해서 조선총독부와 교섭을 시작한다. 당시 곶감의 수입이 매년 증가하고 있었다. 중국산 건시 가격은 중국물가에 인천항까지 운임을 합한 것에 30~60%의 수입관세를 붙였다. 이것은 각각의 계산서가 있을 경우이고 없을 때에는 세관에서 가격을 정하는데 엄청난 관세가 붙었다.52)

곶감은 관광상품

1932년 고산에서는 연간 오만 원의 감을 생산한다.(1933년 금 한 돈 가격은 9원에서 7원으로 폭락) 이때 고산시(고산감)는 전주객사 옆에 있었던 전라북도상품진열소에 전시, 판매가 되었다. 전국에서 주문이 쇄도하여 경성 오복점(미쓰코시 백화점으로 현재는 이 자리에 다른 이름의 백화점이 서 있다)과 철도청에도 여행객을 위해 납품이 된다.53) 1934년 전주군에서는 전북특산품으로 고산시를 장려하여 금후 5개년 계획으로 50만 본을 식수, 10년 후 250만 원의 수입을 예상하고 있다.54)

1935년 전국 각지의 명산물 소개가 이색적이다. 감은 전주 고산에서 한 해 35만 관, 1톤 트럭으로 1,300대 분량을 생산하는 명산지로 소개되었다. 밤은 평양과 양주, 사과는 황해도 황주와 진남포, 호도는 충남 천안, 수박은 전북 이리(현 익산)라고 소개하고 있다.55) 1937년 10월 고산에서는 고산시 464만 개, 개량 건시 157만 개, 곶감 260만 개, 총합 880만 개를 생산한다.56)

이율배반

일제가 국내 농업과 관광업을 장려하고 산업화한 것처럼 보이지만 이것은 어디까지나 그들의 식민지를 상품화하기 위한 정책이었다. 이렇게 단정하기에는 이율배반이 존재한다. 1930년대 6년제였던 중학교 학생은 1학년부터 저금을 해서 6학년 때 일본으로 수학여행을 떠난다. 이 여행을 증언했던 전주 토박이 어르신은 이런 말을 했다. "사람이 아무리 많아도 학생 개인별로 일본에서는 독상을 차려서 밥을 주었고, 전주에서는 몇 대 없던 차가 일본의 역과 네온사인이 번쩍이는 백화점에는 택시가 지금처럼 길게 줄을 서 있었다.57)"

우리가 문화적으로는 앞선다는 자부심을 가지고 있었지만 일본의 도시문명에 대한 충격은 문명의 동경이라는 이율배반적 정서를 낳았다.

비빔밥의 문화원형[58]

관화觀花시절

1921년 4월의 꽃구경 풍경이다.

"관화시절의 단속, 꽃 때가 되어 사람의 왕래도 차차 많아짐에 따라 경찰관도 많이 출동하여 통행 등을 단속하고, 구호반을 설치하여 부상한 사람이 있을 때 속히 구호하며, 맥주, 사이다 등 음료 및 음식 값을 엄중히 단속한다는데, 물가를 다음과 같이 정하였다. 맥주 한 병 칠십오 전, 사이다 한 병 삼십 전, 일본식비빔밥 일인분 오십 전, 점심 상등 일 원 보통 칠십 전[59]"

꽃구경을 온 사람들과 통행을 단속하는 경찰관, 물가에 대한 기사다. 일본식 비빔밥이 어떤 것인지 모르겠지만, 가격이 1인분에 50전~1원이다. 이에 비해 10년이 지난 1930년 우리 비빔밥의 가격은 10~15전 내외였다.[60] 1931년 5월 윤백남이란 사람이 전주 대정여관에 하루를 묵고 말로만 듣던 전주비빔밥을 먹는다. 그의 평은 "무엇이 좋아서 전주비빔밥, 전주비빔밥 하는지 그 이유를 알지 못하겠다"라며 솔직한 소감을 기록한다. 당시에도 전주비빔밥은 꽤 유명했던 모양이다. 그는 며칠 후 상주에 도착하는데, 서울과 흡사한 비빔밥을 먹을 수 있었다며 상주 음식에 홀렸다고 단가를 한가락 짓는다.61)

도시 비빔밥과 시골 비빔밥

1937년 11월 안경이란 사람이 묘사한 종로 W백화점으로 비빔밥을 사 먹으러 간 풍경이다.

> "백화점 내로 들어가니 스팀의 훈훈한 감축이 필자의 몸과 마음을 녹여주었다. 엘리베이터가 내려오기를 대긴장리에, 대기하고들 서있다. 오층입니다. 양화부, 완구부, 식당이 있습니다. 엘리베이터 걸의 꾀꼬리와도 같은 말소리가 끝나자(중략), 정오가 지난 때라 식당 안은 사람들로 와글와글, 비빔밥 한 그릇을 주문하고, 비빔밥을 태숑템포로 파스하기 시작했다 (천천히 먹었다는 말)."

이어지는 이야기는 시골에서 온 영감님의 눈은 경이와 불안을 느낀 채 급속도로 회전했다는 식의 묘사, 쇼팽의 소야곡과 방아타령 중 어떤 음반을 구매할지 고민하는 신혼부부의 모습, 백화점에서 물건 값을 깎아달라는 시골사람들의 모습62) 등을 우스꽝스럽게 그리고 있지만, 그다지 유쾌하지 않다.

1938년 "기산영수의 향기 탄 함평소주에 비빔밥"이란 기사에는 비빔밥 한 그릇에 십오 전, 여기에 소주 두 잔이란 시식 평이 있다. 함평소주의 근원이 기산영수의 수향水香이 아닐 수 없다고 덧붙이고 있다.63) 1939년 5월에 익산 황등 건덕정에서 궁도대회가

개최되는데, 황등을 요교제(황등호)와 비빔밥이 유명하다는 기사도 있다.[64]

비빔밥은 물가의 기준

1954년 4월에는 "현실 무시하는 사정위 물가폭등을 조장"한다는 기사를 볼 수 있다. "서울시 물가사정위원회에서 백반 한 상에 근 쌀 한 말 값이라는 터무니없는 음식물 가격을 사정하여 내무부에 인가 신청을 하였다"며, "현실을 무시한 사정을 한" 것에 비난을 하고 있다. 이어서 책정한 음식 가격을 보면 한정식 450환, 냉면 150환, 비빔밥 150환, 설렁탕 150환, 떡국 150환, 만두국 150환, 대구탕 150환, 커피 50환, 홍차 50환이라고 공개했다.[65]

비빔밥의 스토리텔링

1958년 11월 20일자 『동아일보』의 "팔도강산 발 가는대로 붓 가는대로"라는 기획기사를 보면, "전주에 들릴 기회가 있는 사람이면 누구나 유명한 전주비빔밥 한 그릇 먹어본다"라며 전주의 근대 건축물 속에 위치한 초가집인 '옴팡집'을 소개한다. 마담 이 여사가 손수 간을 맞추며 반드시 주문을 받고 나서야 음식을 만들어 백반을 먹으려면 한 시간 반 내지 두 시간을 기다려 한다며, 성개젓, 고록젓, 전어밤젓이 특미고, 타지방에서는 못 보는 꼬들빼기 김치 등은 누구의 구미도 당길만하다고 적극 추천하고 있다.[66]

이후 1963년 "없어진 명물 옴팡집"이란 기사를 보면, 경원동 한 모퉁이에 쓸쓸하게 남겨진 "이숙자라고하는 68세의 노인은 전주비빔밥의 특색을 표고자장(버섯과 쇠고기를 장졸임한 간장)과 고기국물로 밥을 비비는 묘와 함께 이 고장의 별미인 나물을 얹는 것"이라며, 옴팡집이 처마가 낮아 도백들도 절을 하며 식당에 들어왔다고 회고한다.[67]

도지사도 절을 하며 식당에 들어와 먹었다던 전주비빔밥의 스토리텔링은 동학농민혁명으로 이어진다. 1969년 5월 『경향신문』의 기획기사 "역사와의 대화 - 녹두장군 전봉준" 편을 보면, "용머리 고개에서 만난 한 고로는 그때 동학군 군사들이 한번 움직이려면 밥 해대기가 얼마나 큰일이었는지, 군사들에게 일일이 반찬을 갖춰 먹일 수가 없던 탓으로 그냥 밥을 비벼서 지게에 져 날랐던 데서 오늘날 전주비빔밥이 전통이 됐습니다.[68]"라고 전하고 있다.

비빔밥의 산업화

1970년에는 신세계백화점이 '팔도강산특산물 민속전'을 개최하는데 전주의 비빔밥 업소가 참여해 상당한 성과를 거둔다.[69] 이듬해에도 신세계백화점이 구내식당에서 전주비빔밥을 판매하여 고객 유치에 효과를 본다. 이에 서울 시내 백화점 모객작전이 새로운 양상을 보이기 시작한다.[70] 이와 함께 당시 신문에서는 '토산물 개발과 수출'이란 칼럼도 눈에 띈다. 고속도로 개통과 함께 전주와 서울이 1일 생활권이 되었고, 전주의 관광객이 부쩍 늘면서, 동시에 전주시내의 다방과 음식점과 토산물 가게 등의 경기는 좋아졌지만, 관광객이 당일 집으로 돌아가기 때문에 숙박업소는 한산하여 일부 업자는 울상이었다. 전주 여성의 옷차림도 서울과 닮아갔다. 기성복이 들어오면서 양복점, 양화점이 문을 닫게 된다. 당시 전주 톨게이트에는 하루 평균 500여 대의 차량이 오갔다. 전주에서 서울까지 가는 고속버스 요금은 850원, 운행시간은 3시간 10분이 소요되었다.[71]

1975년 2월 5일자 『동아일보』의 기획기사 "공업화 바람에 탈바꿈하는 고도 전주" 편을 보면, 전주식 비빔밥이 사라져 가고 있어 얼치기 콩나물국만 남아 예전 그 맛은 아니라고 비평하고 있다.[72]

사람들은 늘 옛 맛을 그리워하나 보다. 1976년 9월 『경향신문』의 칼럼에는 전주비빔밥의 조리법이 등장하는데, "밥은 양지머리를 푹 고은 육수로 짓는다."고 기록하고 있다.[73] 또한 당시에도 전주비빔밥 평준화 세태 속에 원형이 사라져[74] 간다는 비평도 있다. 양미경 박사의 연구에 따르면 이 조리법은 당시 전주의 유명 식당 주인이 농담으로 한 말이 기록되어 전주비빔밥의 원형처럼 재구성된 것으로 밝혀졌다.[75] 물론, 육수로 밥을 짓는 게 정설이란 주장도 상존한다.

전주만 비빔밥이 유명했던 것도 아니다. 타 지역과 달리 전주 비빔밥이 유명세를 가질 수 있었던 계기가 존재했고, 그에 따른 이야기들이 있었다. 문화의 원형을 발굴하는 과정은 시대의 담론에 따라 재구성된다. 정전화된 문화의 원형이란 존재할 수 없는 허구에 불과하다. 그럼에도 불구하고 어떤 대상이 시대를 관통하는 토대가 되는 통시적인 특징을 갖추고 있다면, 그것을 문화의 원형이라 지칭할 수 있을 것으로 보인다. 문화원형은 변형과 응용을 수용할 수 있어, 그 문화의 유전자를 이어갈 수 있는 것이다.

전주의 마지막 책쾌冊儈[76]

조선시대 서적중개상 책쾌에 대한 이야기다. '쾌'자는 한자로 거간꾼을 뜻한다. 서쾌, 서책쾌, 책주름이라고도 했다. 쾌자를 괴로 읽어서 서괴라고 해야 한다는 의견도 있다.[77] 조선시대 책쾌는 독자의 주문에 따라 서적을 구해주고(그림, 골동품도 취급한다) 이득을 취하는 사람이었다. 역관이 중국서적을 수입하면 책쾌는 전국에 서적을 공급했다. 국내 책쾌의 활동기록은 16세기 중반부터 1970년대[78]까지 있다.

근대기 책쾌들

이민희는 책쾌의 성격을 크게 전문가형, 겸업형, 지식인형으로 나누고 있다. 전문가형은 오직 서적 매매와 중개를 전문으로 하는데, 예로 조생이라고 불리던 책쾌 조신선을 들 수 있다. 화산서림을 차리고 경영까지 하던 근대기 책쾌 이성의는 겸업형에 해당한다. 지식인형은 생계유지를 위해 임시로 책쾌 노릇을 하던 사람을 말하는데, 이들 책쾌는 전국에 누가 어떤 책을 가지고 있는지 자세히 알고 있었다[79]고 한다.

국내 마지막 서적중개상 송신용(1884~1962)은 일제강점기에 고문서를 수집하고 연구하는 서물동호회書物同好會에서 활동하던 전문적인 책쾌인데, 주로 서울을 중심으로 왕실가, 관가, 저자거리를 왕래하며 내방가사, 소설류 등을 취급했다.80) 반면에 한상윤(?~1963)은 전국을 무대로 활동하며, 주로 불교서적을 취급했다. 김효식(?~?)은 송신용에게 고서지식을 가르쳐준 고서화, 고적, 골동품 등의 감식이 뛰어난 인물이었다. 이성의(?~?)는 지방을 다니며 구입한 서적을 조선총독부 도서관에 독점 납품했다. 미국 콜롬비아대학교에 이 분의 화산문고본(517종 1857책)이 소장되어 있다. 장서가 김약슬(1913~1971)은 고서수집과 서적 유통에 정통한 사람으로 알려져 있다. 책쾌 중에는 사기꾼도 있었다. 근대기에 불교대전집을 만든다고 전국 사찰을 다니면서 불교 책자 빌려와서 몽땅 팔아먹은 사람도 있었다.81)

전주의 책쾌82)

자료를 찾던 중 이정환(1930~1984) 작가의 소설『샛강』에서 우리지역에서 활동했을 책쾌의 어떤 전형 같은 것을 찾았다.『샛강』은 1975년에서 1976년까지 국내 문학잡지에 네 차례 연재된 장편소설로 전주 출신인 작가의 자전적 소설로 알려져 있다. 소설에서 전주와 완주 지명이 나와서 반가웠는데, 그 중 1편에서 삼대에 걸친 책장사 이야기를 통해서 근현대사를 볼 수 있었다. 소설에서 주인공의 이름은 이종혁으로, 그의 아버지와 할아버지의 이야기가 차례로 담겨져 있다.

할아버지는 전주이씨 덕원군파인데, 녹두장군 전봉준 밑에서 포병사관을 하다가 혁명 실패 후 완주군 개바우로 이사하여 농사를 짓고 겨울에는 서당을 열었다. 이 서당에서 책방을 했다. 찾아보니 완주군 용진읍 용흥리로 추정된다. 용흥리는 요즘 지명이고 여러 마을이 합해진 것 같은데, 예전 지명에 구암리도 포함되어 있다. 말 그대로 개바위란 뜻인데 개 모양의 바위가 있었다고 한다. 현재는 새마을운동 과정에서 사라졌다고 알려져 있다. 서당에서 판매하던 책은 공부하던 책도 있었지만 "조상 때부터 내려오던 책도 있었고, 종혁 조부는 시대의 물결로 무너져 가는 선비집 양반집을 찾아다니며 고서를 수집해다 읽어도 보고 쟁여도 놓았다가 팔기도 했83)"다. 많은 책이 있어 지방의 뜻있는 학생과 선비들이 찾아와 사갔다.

4대 독자인 종혁의 부친은 동자童子일 때 전주에 나가 최학자 서당에서 기거했다. 14살에 11살 먹은 민며느리를 얻었다. 15살부터 장을 쫓아다니는 책장수가 되어 책을 싸들고 조선 천지와 중국까지 다녔다. 이후 돈을 벌어 전주 본정 1정목 145번지에 서점을 차렸다. 풍남문에서 천변 쪽으로 나란히 난 길이 당시 본정 1정목이다. '삼천리고본점(서관)'을 운영한다. 일제강점기 전주에서 조선말로만 된 책을 판 유일한 서점으로 일본순사의 사찰 대상이었고, 해방 후에도 역시 경찰의 사찰 대상이 되어, 좌우 양쪽 세력에게 테러를 당한다.

소설에서 보면 서점이란 곳이 좌익이든 우익이든 한쪽 책만 놓을 수도 없는데 이런 책을 갖다 놓았다고 하루는 좌익에서, 그 다음날은 우익에서 테러를 한다. 그러다 보니 경찰의 감시 대상이 되었다. 또 주인공의 형이 일제강점기에 전주에서 청년운동의 일환으로 독서회와 '면도 안하기회' 활동을 해 일본 순사의 사찰대상이 된다. 해방 후에 잡지사와 신문사 기자로 잠깐 활동하기도 했지만 뜻을 못 펼치고 알코올중독으로 일찍 사망한다.

주인공의 삶이 참 기구하다. 한국전쟁 당시 학도병으로 참전해서, 인민군 포로가 되었다가 탈출에 성공해서 다시 참전한다. 이후 곡절 끝에 탈영병으로 사형선고를 받았다가 7년을 감옥에서 살고 풀려난다. 소설에서는 전주 남부시장 닭전머리에서 덕원서점을 운영하는데, 1968년 남부시장 근대화로 서점이 철거되어서 전동으로 이사를 하고 '서점 르네상스'를 연다. 1960년대 말에 소설가로 등단하고 이때 서울로 상경해 신촌 로터리에서 수레로 책과 잡화를 판매하고 글을 쓰며 수입을 병행한다. 이렇게 리어카로 이동서점을 하다가, 1975년 이후에 서울 종암동에서 대영서점을 운영했다고 알려져 있다.

1980년 당시 신문은 그를 한국의 '밀턴'이라고 불렀다. 밀턴이 실명 상태에서 『실낙원』이란 작품을 쓰는데, 이정환 작가 역시 1980년 지병으로 실명을 했음에도 사회의 부조리를 소설화하면서 치열하게 작품 활동을 이어간다.[84] 그는 전주의 마지막 책쾌가 아니었을까?

입체영화와 덕진공원[85]

백설희와 『아가씨와 건달들』

1955년 6월 27일 전주도립극장에서 입체영화를 상영할 수 있도록 시설하겠다는 기록[86]이 있다. 입체영화는 언제 우리나라에 들어왔을까? 입체영화가 들어오기 전인 1935년 7월 3일 불란서의 루이 류미엘옹이 입체영화에 성공했다는 해외기사가 국내로 들어온다. 입체영화의 과학적 원리가 함께 소개되어 있다.[87] 이 보다 앞선 최초의 입체영화는 1922년 개봉한 『파워 오브 러브』라는 영화[88]인데 '사랑의 힘'으로 번역할 수 있다. 19세기에 이미 서구에서는 입체사진을 발명하기도 했다.

1938년 2월 8일자 신문을 보면 월트 디즈니가 입체영화를 제작했는데 입체영화시대의 훌륭한 성공을 입증했다는 기사를 볼 수 있다. "삼개 년의 세월과 백육십만 불의 고비를 던져 완성한 RKO 제공 극채색장편 백설희는 드디어 뉴욕에서 개봉되어 호평을 받고 있는데 동영화에 의하야 영화계에서는 토키 천연색에 이어 입체영화로 제삼혁명이 도래하였다[89]"고 전하고 있다.

백설희는 백설공주와 일곱난장이를 말한다. RKO는 미국의 영화 제작 및 배급사90)였다. 『시민 케인』과 『킹콩』을 배급한 회사로 유명하다. 당시에는 영화를 변사가 설명하는 무성영화였는데 토키는 필름에 소리가 녹음되어 있는 발성영화를 뜻한다. 이런 기사들이 모두 해외 토픽처럼 소개만 되고, 아직 입체영화는 국내에 들어오지 않았다.

1947년 1월 "할리우드 영화제작자 사무엘 골드윈 씨는 금후 5개년 내에 미국영화의 대다수는 천연색 및 입체영화로 될 것이다91)"라고 예측한다. 사무엘 골드윈(Samuel Goldwyn, 1882-1974)이란 사람은 한번쯤 들어봤을 뮤지컬 영화 『아가씨와 건달들』의 영화 제작자로, 폴란드 태생인데, 미국으로 이민을 가서 할리우드에서 많은 영화를 제작한다.92) 하지만 그의 말과 달리 아직 흑백영화가 만들어지고, 입체영화가 대중화되지 않았다는 것을 알 수가 있다.

한국전쟁을 입체영화로

그렇다면 국내에 입체영화가 들어온 것은 언제쯤일까? 이에 앞서 짚고 가야할 것이 입체영화가 들어오기도 전에 국내에서 촬영이 먼저 되었다는 점이다. 정확히 말하면 외국에서 우리나라를 배경으로 입체영화를 촬영했다. 1953년 7월 "미 파라마운트 영화회사에서는 한국문화를 널리 세계 우방에 소개하고자 방금 전선을 위시하여 서울 교외에서 『전우』라는 영화를 촬영하고 있다고 한다. 그런데 이 영화는 입체영화로 한국 소개에 기대가93)" 컸지만, 국내 개봉은 되지 않은 것 같다.

1954년 3월 7일로 가면 "입체영화 『휴전』, 최근 영국에서는 입체영화 두 개가 공개, 그 중 하나가 한국휴전을 취재한 것, 제작이나 촬영까지 전부 한국전장에서 한 것. 배역도 순전히 현역을 사용. 할리우드적 영화로 기록영화가 되기에는 실패"라는 평이 실린다. 할리우드적이라면 상업영화라는 의미로 해석된다. 영화는 종전 전에 치열한 접전과 휴전 회담 등을 담고 있는데, 이 영상과 산모가 아이를 낳는 장면을 오버랩 시켰다. 휴전이 성사되는 장면에서 산모가 평화라는 아이를 낳았다[94]라고 말한 것이다. 참혹한 전쟁을 경험한 당시 국내 정서상 이런 표현 방식에 대해 비난하고 있다.

입체영화와 여성 관객

1955년 서울 수도극장에서 입체영화 『타이콘데로가의 요새』를 개봉하면서부터 본격적인 입체영화 기사가 과학적 원리를 담은 도면과 함께 등장하기 시작한다. 영화 광고에는 입체영화를 보기 위해 특수 안경을 쓴 관객들의 사진을 실어 놓기도 했다. 영화 광고를 보면 "특히 입체영화의 관람은 화면에서 돌발적으로 튀어나오는 물체와 인물의 놀라운 입체성에 대하여 사전에 충분한 조심성과 주의 하에 입장하셔야합니다. 그러므로 외국에서 상영 시에는 어느 영화보다도 가족동반의 예가 많다"는데 상술이 느껴진다. 더 읽어보면 "특히 여성관객들은 가족이나 또는 애인, 동료들과 같이 감상하는 것이 돌출하는 경이에 대한 여성들의 조심성"[95]이라고 운운하는데, 요즘은 같은 시절에는 있을 수 없는 표현이다.

　이것은 외화를 수입한 것이고 국내에서는 언제 처음 입체영화를 만들어졌을까? 1968년 7월 27일로 가면 "『한』이란 영화로 대종상 촬영상을 탄바 있는 장석준 씨는 680가지 촬영기 부속을 손으로 깎고 다듬어 입체촬영기를 만들어냈다. 4년에 걸쳐 이 촬영기를 완성했다[96]는 기사가 있다. 그는 한국 최초의 입체영화 「임꺽정」 제작을 시도해 어느 정도 성공을 거두자 다시 결함을 보완해서 거의 완전한 입체영화 『몽녀』를 촬영 완료했다"는 기사를 볼 수 있다. 몽녀는 '꿈속에 여인'이란 뜻으로 임권택 감독이 연출을 했고, 간첩이 등장하는 추리극이다. 당시 10만 관객을 동원해서 흥행에 성공한 영화로 알려져 있다.[97]

　이후 또 한 번 입체영화 관련 기사가 많은 해가 1993년이다. 바로 '대전 엑스포'다. "각종 과학관이 늘어나면서 입체영화관이 대중화, 1996년에는 특수 안경 없이도 3차원 영상 즐기는 입체TV 실용화 눈앞, 카이스트에서 연구, 2000년까지 보급전망[98]"이라는 제하의 기사가 이어지고 있다.

꿈속에 정말

　안타깝게도 1955년 전주도립극장에 입체영화를 볼 수 있게 시설한다는 계획이 실행되었다는 기사를 찾을 수 없었지만, 2017년 덕진공원에서 입체영상을 볼 수 있었다. 그것도 우리 지역의 이야기를 바탕으로 작품이 만들어졌다. 덕진공원에 입체영상을 볼 수 있는 대형 워터스크린을 만들고, 퓨전 뮤지컬이 공연되었다.

제목은 『실록을 탐하다』로, 조선왕조실록을 지켜낸 전주 사람들의 이야기다. 1955년 입체영화를 꿈꾼 전주의 꿈이 2017년 덕진공원에서 실현된 셈이다.[99] 최인훈의 희곡 대사 중에 이런 말이 있다. "꿈속에 정말이 있고, 정말 속에 꿈이 있다.[100]"

독립운동가, 기생 그리고 생강

독립운동가와 생강

1929년 겨울, 독일 유학을 마친 윤건중(1897~1987)이 고향 봉동에 돌아왔다. 다음해 윤건중은 봉상산업조합을 설립101)한다. 조합 설립 1개월 만에 조합원 수는 1,000명을 넘겼다. 조합은 저금리대출, 비료공급, 포장과 품종개량, 공동판로 개척 등의 사업을 진행한다. 고리대금을 없애고 운임을 낮춰102) 생산자와 소비자의 직거래체제로 소비자가격을 보장, 농촌의 자립경제형성에 크게 기여한다.

당시 봉동에는 13,000여 명의 면민이 거주했지만, 의료시설이 없었다. 이에 윤건중은 1937년 조합 내에 병원을 짓고 의료보험을 실시한다. 치료비는 50% 이내로 하고 병원을 지은 첫 해는 무료치료를 한다.103)

윤건중은 1919년 자전거 뽈(pole)대에 「독립선언서」를 숨겨 전주에 들어온다. 같은 해 3월 13일 전주장날을 기해 만세운동을 주도한다. 이후 수배자가 되어 중국 상해로 망명길에 오른다. 1922년 독일로 유학, 1927년 뮌헨대학을 졸업하지만, 공소시효가 끝나는 1929년에야 고향에 돌아올 수 있었다. 우리 지역 농업경영의 근대화에 힘쓰다, 1954년 제9대 농림부장관에 발탁된다. 쌀 생산비를 보장하기 위해서는 쌀값을 올려야 한다고 소신을 굽히지 않고 주장하던 중, 재임 56일 만에 사임한다.

1977년 정부는 윤건중에게 독립운동유공자 대통령표창과 1990년 건국훈장 애족장을 수여했다.104)

생강과 기생

17세기 초 유행한 '올공금 팔자'라는 말이 있었다.

전주의 상인이 생강을 배에 가득 싣고 평양 대동강에 정박한다. 당시 생강은 관서 지방에서는 나지 않았기 때문에 귀한 재화였다. 한 배 가득 실린 생강은 베 천 필, 곡식 천 석에 해당했다. 상인은 이 귀한 재화를 그만 기생에게 홀려서 모두 탕진한다. 차마 빈손으로 고향에 돌아갈 수 없었던 상인은 기생집 머슴살이를 하다가 몇 년간 일한 세경으로 다 부서져가는 장구 올공금을 받는다. 알고 보니 이 올공금이 귀한 오금이었다. 상인은 올공금을 되팔아 다시 고향에 돌아와 가업을 세우고 동방의 갑부가 되었다. 기생은 가치 없는 물건인줄 알고 도와주려는 의도 없이 올공금을 주었는데, 알고 보니 값비싼 물건으로 빈털터리가 부자가 된다는 이야기다.105)

오금은 구리에 1~10%의 금을 섞은 합금으로 검붉은 색이고 장식품에 쓰인다. 올공금과 관련한 몇몇 기록을 살펴보면 이 금속이 임진왜란 이후에 국내에 들어온 것 같다. 여기서 올공금은 장구의 갈고리쇠(용두쇠)를 말한다. 장구 양편 가죽을 줄에 엮어서 고정하는데 사용한다. '올공금 팔자' 이야기는 16세기 말에서 17세기 초에 생겨난 것으로 추정된다.

기생과 포쇄별감

2013년 경기전에서는 포쇄의식을 재현했다. 조선시대에 이 일을 주관하는 벼슬을 포쇄별감이라고 하였다. 포쇄별감은 한양에서 내려와 전주에 보관되어 있는 실록에 볕을 쬐게 하는 일을 했다.

16세기 초 여색을 멀리하는 젊은 사관(史官)의 이야기가 있다. 그는 꽤 기이한 행동을 하는데, 포쇄를 위해 전주로 내려오며 지나오는 여러 고을에 공문을 보내 객사에 기녀를 들이지 못하게 했다. 젊은 사관이 전주에 도착하자 한 달이 지나도록 장맛비에 사고(史庫)문을 열 수 없었고, 사관은 전주 객사(현 풍패지관)에 오랫동안 머물게 된다. 부윤과 판관이 한양에서 내려온 근엄한 사관을 모시기가 골치가 아팠던 모양이다. 결국 판관이 꾀를 내어 기녀의 유혹에 빠지게 하는데, 이에 대한 늙은 기녀 노응향의 말이 재미있다. "객사에 머무는 관리 중 기녀를 보고 농담하며 웃는 자는 범하기가 어렵지만 기녀를 보고 정색하는 자는 다루기가 쉽습니다.[106]" 앞의 올공금과 포쇄별감 이야기는 전혀 다른 설화 같지만 하나의 이야기가 변형된 것으로 해석하기도 한다.[107]

이야기는 생강

독립운동가, 생강, 올공금, 기생, 포쇄별감의 이야기를 수직적 구조 안에서 읽을 수 있다. 그 안에서 이야기의 화음을 발견할 수 있다. 하나의 이야기가 유기체처럼 수평적으로 변이 되었다고 해석해도 재미있다. 앞의 이야기와 『춘향전』, 『배비장전』도 이렇게 같은 선상에 놓고 보면 누가 말했느냐에 따라, 즉 말하는 사람에 의해 이야기가 변형된다는 것을 알 수 있다. 이야기의 변형은 컴퓨터 게임에서 응용되고 있다. 게임의 문제는 무한반복 중에 싫증이 나는 게 문제인데, 인공지능에 의해 새로운 시나리오가 계속 만들어지면, 게임을 즐기는 사람마다 각각 다른 이야기 속에서 게임 운영의 높은 자유도를 즐길 수 있다.

컴퓨터 게임과 이야기의 변주

디아블로라는 온라인 게임이 있다. 이런 게임의 장르를 액션 롤플레잉이라고 한다. 주인공인 기사가 게임의 세계를 돌아다니다, 괴물을 만나면 싸운다. 싸워서 기사가 이기면, 괴물이 죽으며 남긴 전리품(아이템)과 승리의 경험치를 기사는 습득한다. 즉, 기사는 괴물의 능력까지 갖게 된다. 이것은 서양 신화에서 반복되는 이야기 패턴이다. 용과 기사가 싸운다. 기사가 용을 이긴다. 용을 이긴 기사의 노래가 만들어진다. 기사는 용의 능력까지 얻게 된다. 말 그대로 용을 이긴 기사라는 칭호를 얻는다.

용 : 기사 = 기사(-용)

이것은 서양 신화에서만 나타나는 특징은 아닌 것 같다. 사람이 쓰고 말하는 이야기에서도 이런 특징이 보인다. 전쟁이 나면 적을 비인간화한다. 전쟁의 승리자는 적을 비하하기도 하지만, 존중하기도 한다. 승리한 후 적이 막강했음을 인정할수록 승리자는 더욱 위대한 자가 되기 때문이다. 또한, 승리한 기사는 괴물 또는 용으로 비인격화한 적을 상대하다 보니, 괴물과 싸우다 괴물이 되었다는 말처럼 적보다 더한 괴물이 되기도 한다. 용을 이긴 기사는 나이를 먹고, 그도 보수적인 사람이 되어간다. 그는 새로운 기사를 만나 대적한다.

기사(-용) : 기사 = 기사(-기사(-용))

컴퓨터 온라인 게임 상에서 이 이야기는 무한히 반복된다. 게임 유저들은 편을 만들어 전쟁을 반복한다. 승리 후 전리품에 대한 이야기는 승리자의 노래가 된다. 가상의 게임에서만 그런 것이 아니다. 삶도 마찬가지다. 모든 전쟁은 각각의 스스로에게는 선善이고, 각각의 타인은 악惡이다. 선과 선이 또는 악과 악이 싸우는 것이 아니다. 전쟁은 선악이 없다. 승자와 패자만 있을 뿐이다. 승자는 선이 되고 패자는 악이 되는 것이 역사다. 전쟁만이 그런 것이 아니다. 삶은 투쟁이고, 자신의 의지를 실현하기 위한 전쟁터다.

선善 : 선善 = 악惡 : 악惡

　위의 도식은 선과 악이 같을 수 있다는 의미도 있지만, 이야기를 구성하는 특정 대상은 같은 인물이어도 이야기에 따라 선과 악을 교차하며 묘사되기도 한다. 역적으로 역사에 기록된 정여립이 설화에서는 영웅으로 이야기되기도 한다. 조선시대 역적이었던 정여립은 20세기에는 역적이 아니었다는 반론이 있었다. 21세기에는 역적이냐 아니냐의 프레임에서 벗어나 혁명가로 평가되고 있기도 하다. 『어우야담』에 나오는 생강장수와 기생, 포쇄별감과 기생, 『춘향전』의 이몽룡과 춘향이, 영화 『방자전』의 춘향이와 방자의 관계에서 기생의 이야기는 변주한다.

상인(생강) : 기생 = 상인(올공금)
포쇄별감 : 기생 = 기생(-포쇄별감)
변학도 : 춘향이 = 춘향이(-변학도)
이몽룡 : 방자 = 방자(-이몽룡)

　생강장수는 기생에게 생강을 모두 탕진하고 올공금(→기생)을 얻는다. 포쇄별감을 상대한 기생은 근엄한 포쇄별감을 무너뜨려 전주기생(→포쇄별감)의 특색 있는 이야기를 만든다. 변학도에게 끝까지 대항한 춘향이는 마패를 든 이몽룡(→변학도)과 재회한다. 『방자전』의 방자는 섬기는 주인인 이몽룡을 극복(→이몽룡)하고 자신의 이야기를 만든다. 왜장을 끌어안고 투신한 논개는 충절(→왜장)을 상징한다. 한편, 한 일본인이 논개가 끌어안고 투신했다는 왜장의 사당에 논개의 위패를 함께 놓아, 이후 논개는 일본에서 부부 금슬의 상징으로 왜곡되기도 했다.

이야기는 승리자가 자신의 업적을 서사하기 위해 만들기도 하지만, 강자에게 기운 이야기의 균형을 조정하기 위해, 약자가 만들어 퍼뜨리기도 한다. 이 가운데 특정 인물 또는 이념, 사물 등은 선악을 교차하며 이야기의 변주에 활용된다.

이야기의 생강

선악을 교차하며 이야기를 변화시키는 이런 특징적 대상을 뭐라고 불러야할까? 이율극 선생은 제자들에게 "세상에 나가면 화합할 줄 알며, 자기 색을 잃지 않는 생강이 되어라"고 가르쳤다. 그 특징적 대상은 바로 이야기의 생강이다.

영화 '춘향전'과 기생

문화콘텐츠의 원조 『춘향전』

우리나라 사람 중에 『춘향전』을 모르는 사람은 없을 것 같다. 1935년 10월 4일, 단성사에서 우리나라 최초의 발성영화 '춘향전'이 개봉한다. 지금이야, 영화에 당연히 배우의 목소리와 음악이 함께 나오기에 때문에 이런 용어를 쓰지 않지만, 당시에는 달랐다. 무성영화는 변사가 대사를 말하고 상황을 설명해 주었고, 발성영화는 소리기 나는 유성영화라는 뜻이다. 입체영화가 처음 나왔을 때의 상황과 비교할 만할까? "조선 초유의 흥행성적을 내었다[108]"라는 당시 신문기사를 접할 수 있다. 단성사 문간에 사람들이 동대문 쪽으로도 일렬로 서고, 창덕궁 쪽으로도 일렬로 서 대성황이었다. 이때 여자들이 제일 놀랜 것은 다듬이 소리, 대문짝 찌그덕거리는 소리[109]였다는 관객들의 반응이 남아있다.

흥행은 성공한 것 같은데 작품내용은 어땠을까? 그때나 지금이나 비슷했나 보다. 평단의 평은 좋지 않았다. 첫 발성영화라는 호기심에 성공한 것이다. 각색에서 춘향전의 원전의 맛과 미를 제대로 살리지 못했다[110]로 요약할 수 있다. 발성영화였기에 흥행에 성공한 것일까? 춘향이었기에 성공한 것이다. 춘향이는 신분제 사회에서 최하층인 기생이다. 자신의 신념을 지키기 어려운 처지였다. 그것도 정절을 지킨다는 것인데, 당시는 일제강점기다. 마찬가지로 자신의 신념을 지키기 어려운 시절이었다. 춘향이는 당시 사람들의 자아상이 투영되었다고 해석할 수 있다. 우리 선배들은 각자 가진 신념을 지키기 위해서, "호연지기를 길러라"라고 말했다. 요즘은 물건을 팔기 위해서는 신념도 아니고 아예 영혼도 버리라고 한다. 자기 자신을 버리라고 하니까, 힐링이 필요한 거다.

이필우와 음악영화

영화는 경성촬영소에서 제작이 되었다. 녹음을 위해서 방음시설이 된 50평 규모의 녹음실과 세트장, 분장실이 있었다.[111] 사실 첫 발성영화니까 누가 녹음을 했느냐가 중요하다. 촬영과 녹음은 이필우[112], 감독은 동생인 이명우가 맡았다.

이필우(1897~1978)는 어떤 사람이었을까? 공학도였을까? 1913년에 우미관 영사 기사 조수로 들어가서 일을 배운다. 발성영화 기술을 연구해 일본에서 1931년에 '마담과 마누라'라는 영화 제작에 성공을 한다. 이후에 국내에 들어와 투자자를 설득해서 1935년에 '춘향전'을 만든다. 춘향전 성공을 계기로 다음해에는 동시녹음 영화를 만들고, 음악영화를 만든다. 해방 후에는 미군정청 공보실 영화과에서 근무를 한다. 1960년에는 부산에 정착해서 후진양성과 기술 개발에 주력한다. 2000년에 부산영화평론가협회가 이필우 기념상을 제정한다. 부산의 이필우 기념상처럼 선배들의 업적을 기념할 줄 알아야 한다. 전주국제영화제에도 선배 영화인을 기리는 이런 상이 하나쯤 있어야 한다.

음악영화의 제목은 『노래 조선』이었다. OK레코드사의 고복수, 김해송, 이난영 등의 오사카 공연 실황 촬영 분과 『춘향전』을 편집해 만든 영화였다. 경성촬영소가 발성영화 제작에 성공한 후, OK레코드사가 대중가요를 유통시키기 위해 만든 영화였다. 이게 다 우리 고전, 남원에 『춘향전』이 있어서 가능한 것이다. 보통 문화콘텐츠를 이야기할 때 원소스 멀티유즈(One Source Multi Use)를 이야기한다. 하나의 문화자원을 가지고 다양하게 활용할 수 있다는 말이다. 우리 선배들은 이미 하고 있었던 셈이다. 또 그만큼 고전의 중요성을 잘 보여주는 사례라고 할 수 있다.

최봉선과 허산옥

남원 광한루에 춘향사당이 있다. 이 사당은 일제강점기에 만들어졌다. 누가 만들었을까? 1931년 남원권번 기생 최봉선이 발의해 춘향사당을 세운다. 남원권번의 예기들과 함께 2,000원의 돈을 모아 지은 것[113]이다. 정확하지는 않지만, 현재의 금 시세와 비교해 보면, 7,000만 원 정도의 예산이 소요된 것 같다. 1966년에 최봉선이 당시를 회고하는 기사가 있다. "처음 건립하기 위해 모금 운동을 할 때에는 일본 정부에서도 협조를 거절했고, 일부 군민 역시 천한 퇴기의 딸 춘향의 사당을 건립한다고 점잖지 않다고 반대[114]"한다. 그냥 뚝딱 지어진 게 아니었다. 당시에 신분제가 폐지되긴 했지만, 여전히 기생이란 천대 받는 직업이었다. 이들은 스스로 품위를 지키기 위해 많은 노력을 한다. 당시 신문 지상을 보면 정기적으로 어려운 사람들을 위해 자선공연을 펼친다.[115] 자신들이 가진 기·예능으로 타인을 돕고 있다. 한편으로 사회일원으로 당당하게 자신들의 권리를 찾고 있다.

전주의 마지막 기생이라고 일컬어지는 남전 허산옥은 해방 후 전주동광미술연구소에서 미술공부를 하고 의재 허백련에게 그림을 배워, 국전 추천작가가 된다.[116] 어려운 학생에게 남몰래 장학금을 지원한 것으로 유명하다. 판소리 명창 김유앵의 증언에 의하면, "누가 찾아오든지 자기 이름 석 자 안 밝혔고, 장학금을 받은 학생이 어떻게 알고 찾아오면 나는 그런 사람 아니다"고 하면서 그냥 보내곤 했다. 그 이유를 물어보면 "그 사람이 영원히 나를 못 잊고 머릿속에 은혜 입은 것을 갖고, 얼마나 부담이 되겠냐? 그러니까 아주 풀어줘 버려야 되는 것이다"[117]라고 말했다.

수수깡 안경 검은 보자기[118]

거두리 참봉과 단오제

1959년 해방 후 맞은 첫 시민의 날, 카니발을 준비하던 모임이 있었다. 전주방송국 내 문화위원회 유기수, 류승국, 김근희, 정재인, 이봉희, 진기풍 등 6인은 전주만의 카니발을 만들어 보자는 생각으로 회의를 시작한다. 전주의 기인으로 많은 선행을 베푼 '거두리 참봉'이란 분의 날을 정해 축제를 하자는 의견이 있었지만, 회의 끝에 전통적인 단오제를 계승하기로 결정한다.[119] 지금은 잊힌 인물 '거두리 참봉'은 어떤 사람인가?

동냥으로 영결식을

1931년 10월 3일자 『동아일보』 3면에는 거두리 참봉의 장례를 다음과 같이 알리고 있다.

"전북 전주읍 다가정 이보한(속칭 거들 션생) 씨는 61세를 일기로 지난 27일 서거하였다는데, 전주읍내에 무의무탁한 거지가 이백여 명이 집중하야 영결식은 거지들이 부담하겠다고 상가에 쇄도하였는데, 전기 이 씨는 이십

여 세부터 세상사를 불관하고 친절한 친구 혹은 친척에게 돈, 의복, 신발 등을 얻어서 거지에게 나눠주며 의복 없는 거지와 배고픈 거지를 보면 먹는 밥과 입었든 의복이라도 거지를 주어 활인적덕活人積德한 관계로 거지들이 가가호호에 동냥하야 영결식을 거행하기로 하였다 한다."120)

거두리 참봉 이보한(李普漢 1872~1931)이 타계하자 그의 도움을 받은 빈자들이 장례를 치루겠다며 빈소에 몰려든 사건을 전하고 있다.

기억 속의 거두리 참봉

많은 세월이 지난만큼 거두리 참봉을 실제로 본 사람은 이제 흔치 않다. 2006년 박병연 옹은 열두어 살 무렵인 1920년대 후반 "어여라 달구방아"를 부르던 이보한의 기행을 기억을 더듬어 유쾌하게 이야기했다.

> "어려서부터 첩의 소생이라고 해서 집안에서 외면하고 대우해주지도 않고 행세도 할 수 없으니까 반발해서 하는 행동이 광기가 있어. 그러다가 예수교가 처음 들어와 신도가 별로 없었는데, 예배당에 다니면서 성경도 외우고 '거두리로다' 찬송도 부르고 그랬어. 그러면서 집집마다 돌아다니면서 밥을 얻어먹곤 했는데, 사람들이 저럴 집안이 아닌데, 저리 돌아다닌다 해서 조그만 상에 차려서 대접을 하고 했어.121)"

함부로 대하지 않고 상을 내어 대접했고 거두리란 별명은 찬송가에서 왔음을 알 수 있다. 한자로는 巨肚裡(거두리)라 쓰는데, 조병희(1910-2002, 시조시인·서예가·향토사학자)는 큰 뱃장을 부리며 사는 사람이란 뜻, 국권을 거두어들인다는 수복의 뜻, 겨레를 거두어 모은다는 단합의 뜻을 담고 있다[122]고 말한다. 이 세 가지 뜻에 모두 부합하는 행동을 했는지 증언을 더 들어보자.

어여라 달구방아

"그러면 먹고 남기기도 하고 주인보고 밥한 그릇 더 달라고 해서 거지들한테 주고 그러니까 거지들이 '거두리 참봉'을 좋아해서 뒤를 졸졸 따라 다녔어. 먹을 것이 나오니까. 또 주인보고 이야기해서 헌옷도 얻어서 거지들을 입히기도 하고 좋은 일을 많이 한 양반이여. 또 노래도 건사하게 잘해서 남의 집을 지을 때 땅을 다지기 위해서 달구방아를 찧는데 아주 큰 나무기둥이나 돌을 줄에 매서 여러 사람이 힘을 합해서 찧는데 힘이 드니까 노래를 부르면서 박자를 맞추는데, '어여라 달구방아'하면서 노래를 하면 이 분이 처량하고 구성지게 노래를 잘하니까 집짓는 데마다 불려가서 노래를 했었어. 그 양반이 달구방아를 먹인다고 하면 사람들이 구경가고 그랬어. 양반집 서출이라 그랬는지 한문도 잘 알아서 문자를 써서 노래를 했어. 달구방아가 끝나고 나면 밥상, 술상이 나오면 먹고 나머지는 거지들도 먹이고 그랬어.[123]"

집터를 다지기 위해 여러 사람이 힘을 합해 일하며 노래 부르는 장면이다. 어떤 모습이었을까? 전주의 도심 속에서 쿵쿵 집터를 다지는 소리와 구성진 민요가락이 어우러진 풍경을 상상하기란 쉬운 일이 아니다.

사상은 있어

"거두리 참봉 이야기가 여러 가지가 있어. 그중에 경찰서에 붙들려가서 두드려 맞은 일도 있고 그려. 그 양반이 그러고 다녀도 사상은 있어서 일본 놈들 욕하고 그랬어. 정부나 일본사람들을 비판하고 그러니까 잡아다가 때리고 협박하고 유치장에 가뒀다가 풀어주기도 하고 그랬는데 그래도 소용없으니까 나중에는 미친놈이라 하고 유치장에서 하룻밤씩 재워서 그냥 보내곤 했어. 나는 그때 한 열 두어 살 먹었으니까 그 양반 뒤를 졸졸 따라다니고 그랬지. 아이들이 다 따라다녀. 거지가 아니라도. 그 양반이 수수깡으로 안경을 만들어 끼고 검은 보자기로 머리에 감고 옷도 이상하게 입어서 꼭 서양사람 같았어.124)"

두둑한 뱃장으로 일제강점기에 강자를 비난하고, 약자를 도왔던 이보한의 행적은 당시에는 기인으로 또는 광인의 모습으로 묘사되어 있다. 거두리 참봉은 현대인에게 "정의란, 신념이란 무엇인가?"라는 질문을 던지고 있다.

매머드의 꿈[125]

부안 맘모스

1996년 11월 26일 부안 앞바다에서 어부가 매머드의 어금니를 발견한다. 당시 기사를 보면 부안군 위도면 왕등도 북쪽 1km 지점에 설치했던 그물에 걸려든 것을 어부인 조수룡 씨가 발견하면서, 세상에 알려지게 된다. 부산대학교 지질학과 김항묵 교수가 5만 년 전 빙하기에 살았던 매머드의 어금니가 확실하다[126]는 의견을 내놓는다.

털코끼리는 순수 동물

매머드는 맘모스, 마몬트, 맘무트, 맘뭇[127]라고도 부르는데, 북한에서는 털코끼리라고 할 정도로 몸에 털이 많이 난 짐승이다. 맘모스하면 눈 덮인 빙하시대, 화석, 시베리아 등이 생각나지만 한때는 이런 표현도 있었다. 맘모스 빌딩, 호텔, 백화점, 무도장, 도시. 최근에는 커피까지도 맘모스라는 수식어가 붙는 것을 보면, 현대인에게 맘모스는 거대한 자본 앞에 놓인 인간의 욕망을 상징하는 동물로 부활했다는 생각이 든다.

영화에서 보면 엄청나게 큰 매머드가 눈밭에서 뛰어다니는데, 실제 크기가 어느 정도일까? 털복숭이 매머드의 상아 길이만 4m 다.[128] 구체적인 크기는 상상에 맡긴다. 요즘은 매머드 보다 큰 비행기가 날아다니는 시대라 수치로 크기를 말하면 다소 환상이 깨진다. 상아 길이로 한 번 머릿속에 매머드를 그려 보자. 사실 맘모스는 생각만큼 크지 않다. 코끼리가 초식동물이듯, 매머드 역시 초식동물이다. 풀만 먹는 털코끼리는 인간의 욕망하고 거리가 먼 순수한 동물인 것 같다.

표트르 대제와 냉동 맘모스

사실 처음엔 맘모스를 뿔이 하나 달린 신화 속 동물정도로 추측했다. 그러다 러시아의 표트르 대제가 1720년대에 시베리아의 고적을 발굴하기 위해 학자를 보내는데, 이때 냉동된 매머드가 발견이 되어서 매머드가 코끼리 형태[129]라는 것을 알게 된다. 그 추운 데까지, 초식동물이 풀도 안 나는 땅으로 왜 갔을까? 매머드가 눈 덮인 벌판에서 살았다는 것은 잘못 알려진 사실이다. 매머드가 살았던 시절의 극지방의 환경은 툰드라(얼어붙은 평원)가 아니라, 스텝(50cm 이하의 풀이 나는 초원)이었다.[130]

약 1만 년 전에 극지방의 환경이 일부는 툰드라, 또 일부는 침엽 수림지대로 변하였다. 그러면서 극지방의 스텝에서 살던 매머드와 코뿔소가 사라졌는데, 일부가 냉동된 채로 발견이 된 것이다. 매머드는 넓은 초원의 풀을 먹고 살았다는 말이다. 실제로 냉동된 채로 발견이 되었기 때문에 뭘 먹었는지 밝혀졌다. 하루에 식물을 200kg 정도 먹은 것으로 추측하고 있는데, 위장에서 여러 종류의 식물이 발견이 되었다. 특히 꽃가루가 발견 되면서 당시가 어떤 환경의 초원인지 추정할 수 있었다.[131]

인천 매머드

그럼 오래전에 매머드가 우리나라에 살았을까? 의견이 분분한 것 같은데, 사실 이건 전문가보다 어린이들한테 물어보면 더 잘 안다. 왜냐? 이건 끝에서 말하겠다.

1962년에는 함경북도 화대군 장덕리에서도 매머드의 화석을 발견한다.[132] 1934년에는 만주에서 철도 공사를 하다가도 발견이 되어서 털코끼리(맘모스)[133]의 이동경로를 추측할 수 있었다. 앞에서 매머드가 냉동된 채로 발견이 되었는데, 만주에서는 두개골만을 발굴한다. 1932년 일제가 괴뢰국인 만주국을 세우는데, 이때 만주의 철로를 확장하면서 발굴한 것이다. 꼭 맘모스의 이동경로가 일본 제국주의 이동경로와 같다는 생각이 든다. 이런 맘모스 화석을 일제는 자기나라로 가지고 가려고 했다. 1946년 4월 1일에 인천시립박물관이 개관한다. 이때 맘모스가 전시 되는데, "일본군이 가지고 가려다가 해방이 되면서 인천항에 묶여 못 가져갔다"[134]는 설명이 붙어 있다.

코끼리의 눈물

지금은 우리나라에 코끼리가 살지 않는데, 예전에는 털코끼리

(맘모스)가 살았을까? 맘모스가 아프리카코끼리에 가까운지, 아시아코끼리에 가까운지 30년간 논쟁이 있었다. 2005년에 맘모스의 DNA정보가 복원 되면서 아시아코끼리에 더 가깝다[135]고 밝혀졌다.

『조선왕조실록』[136]에는 왕실에서 코끼리를 키운 기록이 남아있다. 지금은 코끼리를 동물원에서나 볼 수 있는데, 조선시대에도 동물원이 있었을까? 1411년에 일본국왕 원의지가 코끼리를 바쳐서 키웠는데 하루에 콩을 4~5말(80리터)을 먹었다. 기록을 더 살펴보면 암수 두 마리를 보낸 것 같다. 이우라는 사람이 기이한 짐승이라 하여 가보고 그 꼴이 추함을 비웃고 침을 뱉었는데, 코끼리가 노하여 그를 밟아 죽인다. 그래서 코끼리를 1413년에 지금의 전라남도 보성군 장도로 귀향을 보낸다. 다음해에 코끼리가 먹지 않아서 날로 수척해지고 사람을 보면 눈물을 흘린다고 보고가 되니까, 태종이 다시 육지에 나와 살게 한다.

1420년 전라관찰사가 또 왕에게 보고를 한다. 이때는 세종 때였다. 코끼리가 먹는 양이 엄청나니, 충청도, 경상도에서도 돌아가면서 키우게 해달라는 청이었다. 그래서 1421년에 충청도에서 키우는데 충청도관찰사가 코끼리가 사람에게 도움도 안 되고 화가 나면 사람을 해치고, 키우던 종이 코끼리에 채여서 죽었다고 보고한다. 그리하여 또다시 섬으로 귀향을 간다. 세종이 "물과 풀이 좋은 곳을 가려서 이를 내어놓고, 병들어 죽지 말게 하라[137]"고 당부를 한다. 말 못하는 짐승이라도 함부로 하지 않았다는 것을 알 수 있는 대목이다.

맘모스의 꿈

『조선왕조실록』에는 코끼리에 관한 두 가지 관용구가 나온다. '장님 코끼리 만지기'라는 속담과 '코끼리가 밭을 갈고 새가 김을 맨다'는 말이다.

앞에서 매머드가 뿔이 하나 달린 신화 속 동물로 생각하다가 18세기에 돼서야 코끼리 모양이란 것을 알았다고 말했다. 다양한 관점의 인정과 공존이 없다면, 과거는 매끈한 신화적 우상이 되거나 괴물이 만들어 진다.

앞에서 어린이들이 전문가들 보다 더 잘 안다는 말은 무엇인가? 전문가는 자신이 아는 것만을 말하지만, 어린이는 자기가 모르는 것도 말할 수 있기 때문이다. '코끼리가 밭을 갈고 새가 김을 맨다'라는 말은 조선시대에는 허무맹랑한 이야기였지만, 지금은 매머드 같은 트랙터가 밭을 갈고 새 같은 드론이 날아다닌다. 요즘은 이 상상력의 중요성을 누구나 알고 있다. 또한 획일화된 관점 안에서 상상력이 발동될 수 없다는 것도 알고 있다. 맘모스, 털코끼리가 인간의 욕망이 아니라, 다양한 관점과 상상력을 상징하는 동물이 되었으면 한다.

모기 보고 칼 빼기[138]

한 해 100만 명 사망

한때 소두증을 유발하는 지카바이러스 때문에 걱정하는 분들이 많았다. 이 지카바이러스를 옮기는 건 이집트 숲모기라고 알려져 있다. 별 것도 아닌 조그만 모기가 사람을 괴롭히기만 하는 게 아니라 허망하게 목숨을 빼앗기도 한다. 한 해 100만 명 이상의 사람이 모기 때문에 목숨을 잃는다. 아마 인류의 역사와 함께 하지 않았을까?

바늘을 국수로 만들었다는 진묵대사(1562~1633)가 전주 대원사에 있을 때의 이야기다. 절에 온 손님들이 모기 때문에 잠을 못 이루자, 산신령을 불러 모기를 모두 잡아 없앴다[139]는 설화가 전해져 온다. 이 전설을 과학기술로 실현하려는 사람들이 있다. 과연 가능할까?

학을 뗀다

유럽을 벗어나서 중앙아시아, 인도까지 진격하던 알렉산더 대왕이 어이없게 말라리아에 걸려서 B.C. 323년 33살의 나이에 죽는다. 우리나라에서는 말라리아를 학질이라고 한다. '학을 뗀다'라는 말이 있을 정도로 과거에는 무서운 질병이었다. 소현세자 역시 학질에 걸리고 불과 나흘 만에 사망한다. 당시 소현세자는 34살이었다. 물론 독살되었다는 설도 있지만 학질을 오진 받아 잘못된 치료를 받아서 의료 사고로 죽었다는 설도 있다.

인조는 청나라와의 전쟁에서 져서 청 황제에게 아홉 번 절을 하는 삼전도의 굴욕을 당한다. 이 전쟁이 병자호란인데, 이때 왕자인 소현세자가 인질로 붙잡혀 간다. 인조는 이때 세자에게 이렇게 말한다. "힘쓰도록 하라, 지나치게 화를 내지도 말고, 가볍게 보이지도 말라"고 당부한다.140) 소현세자는 그곳에서 국제무역을 해서 번 돈으로 청나라에 노예로 끌려간 조선의 농부들을 속환시켜서 고국으로 보낸다. 청나라의 문물을 배우고 선교사인 아담 샬에게 서양의 천문학, 과학기술을 배우기도 한다. 그런데 조선에 돌아 온지 두 달 만에 학질 때문에 사망하게 된다. 모기가 아니었으면 우리나라 역사가 바뀌지 않았을까?

말라리아

말라리아는 여전히 많은 사람들에게 고통을 주고 있다. 19세기 말에 말라리아를 옮기는 기생충을 발견한다. 이 기생충이 인간의 혈액에 어떻게 들어가는지 몰랐는데, 1897년에 영국군 군의관 로스가 인도에서 모기의 위 조직을 현미경으로 관찰하다가 알게 된다. 그러니까 말라리아가 모기에 의해서 전염이 된다141)는 사실을 알게 되는데, 이 발견으로 로스는 1902년 노벨 생리의학상을 받는다. 이게 잘 들여다보면 영국 사람이 인도에서 발견하는데, 제국주의자의 식민지경영과 관련이 있다는 생각이 문득 든다.

모기 때문에 독립

왜 그럴까? 모기 때문에 독립한 나라가 있다. 해충인 모기 덕에 독립을 했다. 모기들이 적을 막 물었을까? 놀랍게도 그렇다. 2010년에 대지진이 있었던, 북아메리카 카리브해에 있는 섬, 아이티가 있다. 아이티는 17세기에 프랑스의 식민지였다. 프랑스인들은 생도밍그라고 불렀는데, 당시 전 세계 사탕수수의 40%를 차지했고, 품질이 좋았다.

이는 프랑스에게 많은 이득을 주었다. 프랑스 농장주들은 이곳 원주민만으로는 부족해 아프리카에서 흑인 노예를 데려와서 더 많은 사탕수수를 생산한다. 그렇게 18세기 후반 카리브해에는 100만 명의 노예가 살게 되었다. 그중에서 절반이 아이티에 살고 있었는데 이곳에서 프랑스혁명의 바람이 분다.

프랑스와 싸우면서 자치정권을 수립하지만, 이후 영국군이 들어온다. 결국 영국군에게 수도를 빼앗기고 영국의 식민지가 될 위기에 처하는데, 날씨가 더워지고 습해지면서 반전이 일어난다. 모기떼가 등장한 것이다. 이 모기들이 황열병을 옮기는데, 아주 무서운 병이다. 높은 열과 함께 음식을 먹으면 토하고, 현기증 때문에 꼼짝을 못한다. 몸에 있는 구멍마다 피가 나오다가 일주일 안에 죽게 되는 치명적인 질병이다.

그런데 모기들이 영국군만 골라서 물진 않을 것 아닌가? 원주민들은 어렸을 때 한 번씩 앓고 나면(물론 사망자도 발생하지만) 평생 면역력이 생겼다. 1794년 영국군 2,000여 명이 황열병 때문에 죽고, 이후 3년 동안 계속 들어오는데, 결국 철수한다. 그러다가 1802년에 나폴레옹의 프랑스 군대가 다시 들어오게 된다. 사탕수수가 나는 노른자 땅이라 그만큼 포기할 수 없었던 모양이다. 역시 프랑스군 2만 명 이상이 모기에 물린다. 황열병에 걸려서 부대원 절반 이상이 사망하는 처참한 결과를 맞이하고 철수 한다. 이후에 1804년 1월 1일 생도밍그는 완전한 독립을 선언하고, 아이티공화국을 세운다. 라틴아메리카 최초의 독립국[142]이었다. 모기 덕에 얻은 천운이었다.

모기 박멸의 딜레마

어쨌든 모기는 해충인데 박멸을 해야 하는 건 아닐까? 박멸이란 게 참 딜레마다.

1948년 모기 때문에 또 한 번 노벨 생리의학상을 받는 사람이 있다. 파울 헤르만 뮐러가 DDT가 매우 효과적인 살충제라는 것을 발견하게 된다. 상당한 인기를 누렸지만 인체와 토양, 물을 오염시키고 생태계를 파괴하기 때문에 1960년대 미국 정부는 사용을 금지하였다.[143] 지카바이러스가 갑자기 유행한 것도 이런 맥락이다.

2011년 브라질 동부에서 유전자 변형 모기를 풀어놓는 실험을 한다. 짝짓기를 하면 후손이 유충에서 모기가 되기 전에 죽게 만드는 유전자를 심어놓은 것이다. 이 실험이 성공하면 모기를 정복하게 되는 것이었다. 이때 실험한 모기가 이집트 숲모기였는데, 실제로 이런 유전자 변형 모기로 효과를 보기도 했지만, 자연 속에서 그걸 극복하고 살아남은 모기가 나왔다.

모기가 번식력이 엄청나게 좋아서 내성이 강한 더 강력한 모기가 생긴 것이다. 음모론이란 이야기도 있지만, 지카바이러스가 2015년 5월 처음 브라질 동북부 바이아주에서 발생하고 두드러지게 환자가 나오는데, 바로 이 유전자 변형 모기를 풀어놓은 실험을 시작한 곳이다. 모기 잡으려다가 사람 잡게 생겼다는 말이 나오고 있다. 실재로 DDT를 다시 사용하자는 목소리가 나오고 있다.[144]

모기 보고 칼 빼기

『조선왕조실록』[145]에는 "모기가 큰 산을 진 것과 같다"는 말과 "모기가 칼을 든 것과 같다"는 표현이 나온다. 앞에 말은 큰일을 맡았을 때 겸손의 뜻으로 사용했고, 뒤에 말은 누군가를 무시하는 뜻으로 쓰였다. 지카바이러스를 옮기는 모기 덕에 모기는 더 이상 무시할 수 없는 존재가 된 것 같다. "모기도 모이면 천둥소리가 난다"는 힘이 없어도 많이 모이면 큰 힘을 낸다는 말이고, "모기 보고 칼 빼기"란 말은 대수롭지 않은 일에 지나치게 화를 낸다는 뜻의 속담이다. 작은 모기지만 간단히 말하고 넘길 수 없는 시대가 되었다.

전주 모기의 명성

조선 말기의 학자이자 문신인 김윤식(1835-1922)의 『운양집雲養集』에는 고약한 모기에 대한 이야기가 나온다. 전주 모기가 얼마나 독하기에 나라 안에서 명성이 자자하다고 기록하고 있다. 김윤식이 밤새 모기에 뜯기다, 참다못해 "모기야, 나는 죄가 없다"며 불을 켜고 일어난다. 그걸 지켜보던 사람이 "당신 피부는 윤기가 자르르 하니, 하늘이 모기를 시켜 그대의 이익을 나눠가지려고 하는 게 아닐까요?"라고 묻는다. 그는 재미있게도 맞장구를 치며, "모기와 이익을 나눠가져 하늘의 뜻에 순응해야겠지"라고 말한다.146) 화가 날 법도한데 생각이 참 느긋하다. 조그만 모기지만, 사람과 역사의 운명을 가르기도 했다. 모기가 점점 독해지고 있다. 인류가 하늘의 뜻에 순응하고 있지 않아서일까?

잡화상의 출세

우편사무소를 철폐하라

대한제국이 제네바 협약에 가입한 1903년 1월 외부대신 조병식이 일본임시대리공사 하기와라 모리카즈[萩原守一]에게 "일본인 모리나가 신소[守永新三]가 불법적으로 전주 서문 밖에 설치한 우편사무소를 철폐하도록 조처하여 줄 것을 요청[147]"한다. 대한제국의 슬픈 운명을 보여주듯 외부대신의 공식적인 요청에도 불구하고 그 행정력은 전주까지 미치지 못했다. 1902년 12월 5일, 전주의 일본인 회장 모리나가 신소는 우편수취소를 전주군 부내면 행동, 그러니까 당시 대정정 1정목 36번지에 개설하였다. 우편, 소포, 우편 대체 예금사무를 취급하고 1903년 7월부터는 집배사무를 시작한다. 처음에는 간판 옆에 일장기를 달고 영업을 했지만, 한국 정부의 철폐 요구가 있자 간판을 건물 뒤에 달고 영업을 계속 이어갔다. 1906년부터는 한국우체사와 전보사를 장악하여 전신사무를 취급하고 1906년 7월부터는 전주우편국이라 개칭한다.[148] 1910년 일제의 강점이전에 전주의 통신수단을 점령한 것이다.

성씨가 다른 형제

1897년 모리나가는 일본 야마구치현 사람으로 성씨가 다른 형인 이노우에 쇼타로[井上正太郞]와 함께 전주에 최초로 이주한 일본인이다.

이들처럼 처음 전주에 정착한 일본인은 서문 밖에서 오두막을 짓고 살며 말라리아약, 회충약, 사탕 등 잡화를 팔며 생계를 이어갔다. 그중 사탕에 대한 묘사가 자세한데, 전주사람들과 경쟁하며 박하사탕과 생강사탕을 만들어 팔기도 했다. 이들이 일본 옷을 입고 전주를 거닐면 개가 짖으며 쫓아왔고, 밤중에 집안으로 죽창이 날아든 적도 있다며, 무용담처럼 소회를 기록해 놓았다.149) 1907년부터 전주성 철거가 시작된다.150) 일본인들은 전주 원도심의 상권을 장악해 간다. 모리나가의 이름은 20세기 초에 있었던 유길준 쿠데타 음모사건에도 등장한다. 이 일본인들은 과연 잡화상이었던 걸까?

유길준 쿠데타 음모사건

이 사건은 유길준이 일본유학생을 규합해 의친왕을 추대하고 입헌군주제 형식의 내각을 수립하고자 한 음모였으나, 함께 사건을 도모했던 인천의 거부 서상집의 배신과 폭로로 실패한 쿠데타였다. 1902년 4월 30일 주한일본공사관은 모리나가 신소가 유길준의 쿠데타 음모와 관련이 있으니, 일단 조사한 후 퇴한(한국에서 퇴거) 조치151)하라는 훈령을 받는다. 모리나가는 쿠데타에 필요한 자금을 만들기 위해 바다에 배를 띄워 놓고 사전(私錢, 위조한 돈)을 제조한다. 이를 맡긴 사람은 서상집으로, 백동화(白銅貨, 1892년 발행한 화폐) 주조를 위해 필요한 선박·기계·물품 등을 구입하여 주었다. 서상집은 쿠데타의 성공에는 관심이 없었다. 그는 처음부터 고종에게 밀고하여 조정의 충신으로 공을 세우고, 또 한편으로는 만들어진 백동화를 모두 독차지하려는 계획이었다. 음모 속에 숨겨진 또 다른 음모였다. 이때 유길준과 함께 일본에서 동거하던 사람은 이두황이었다.152) 이두황이 누구인가? 동학교도를 잔혹하게 진압해 명성을 얻은 후, 명성황후 시해사건에 가담해 일본에 망명 중이었다. 1910년 일제의 강점이 시작되자 이두황은 전라북도의 첫 도장관, 지금 말로 도지사가 되어 부임한다. 이후 모리나가와 이두황의 관계가 어땠을지는 상상에 맡긴다.

언론과 학교 장악

1905년 12월 25일 모리나가는 『전주신보』를 창간한다. 한일 양국어로 인쇄한 주간신문으로 100부 내외를 발간한다. 1912년에는 형인 이노우에 쇼타로 등과 공동출자하여 『전북일일신문』으로 제호를 변경하고 16면에 이르는 신문을 발간한다. 이 신문사는 1914년 제1회 전라북도물산공진회를 대비해 『전라북도안내』라는 책자를 발간한다. 모리나가가 편집한 이 책은 총5장으로 구성되어 있는데 1장은 전북의 인문지리적 특성과 인구·행정·교통 및 기타 전반적인 현황, 2장과 3장은 산업별 현황과 각종 통계, 4장은 전북지역의 명소를 사진과 일화를 소개, 5장은 전북에 속해 있는 시군의 현황과 명승고적을 소개하고 있다. 또한 각 기관에서 종사하는 주요 인물을 사진과 함께 소개하고 있고 상점과 회사의 광고 등이 실려 있어, 1910년대 전북에서 활동한 일본인의 활동상을 엿볼 수 있다. 1913년부터 1915년까지 형인 이노우에가 이 신문사의 사장으로 활동하였다. 1913년에는 보궐선거로 전주학교조합 의원으로 당선되어, 1915년에는 조합의 관리자가 된다.[153] 이 형제는 잡화상에서 신문사 사장과 지역의 유지로 변신에 변신을 거듭한다. 이노우에는 1940년에 죽었고, 이후 동생 모리나가의 행적은 더 이상 찾을 수 없었다.

은행나무 지장당[154]

은행목통의 대공손수

 1930년 전주에 살던 일본인들이 가장 무서워한 것이 있었다. 다름 아닌 압각수, 공손수라고도 불리는 은행나무였다. 그 중에서도 수령이 600년이 된 큰 공손수였다. 은행나무 잎이 오리발 같이 생겨서 압각수라고 했고, 나무를 심으면 열매가 손자 대에 열려 공손수라고도 한다. 내가 아니라 후대를 위해 심는 나무라는 뜻이 담겨있다. 지금은 일본인들이 베어서 사라졌지만 일본인들을 공포에 휩싸이게 한 이야기가 전해져 오고 있다.

 당시에는 은행목통의 대공손수라고 불리어졌는데 은행목통은 지금말로하면 은행나무길이라고 할 수 있다. 일제강점기 전주에서 가장 큰 상권을 말하는 지역이었다. 지금의 원도심에 중국인 거리를 알리는 관문에서 전주독립영화관 부근까지의 구간을 말한다. 지금도 부근의 가로수를 제외하고 그 주위를 둘러보면 은행나무가 꽤 서 있다. 당시에는 더 많았고, 오래 전에는 거기에 물길이 있어서 이 나무에 배를 묶었다는 전설이 있다.[155]

왜 베어버렸나?

1927년부터 하수구 공사를 시작하는데, 1929년이 완공을 앞 둔 해였다. 하수구 공사에 방해가 되니까 베어내려고 하는데, 오래된 나무에 정령이 산다고 인부들이 신목神木의 저주를 두려워해 누구 하나 베려 하는 자가 없었다. 당시 면장이었던 모리야마 이오타리[守山五百足]가 나서서 1929년 11월 8일에 무참히 베어버린다. 저주가 두려웠는지 베기 전에 일본식으로 제사를 지내고 술을 올리는 사진이 남아있다.

이후에 기괴한 일이 벌어지기 시작하는데, 당시 기자로 활동한 마쓰나미 센카이가 자세한 기록을 남겨 놓았다. "그렇게 약 2개월이나 지났는데 나무의 정령이 매일 밤 운다거나 저주가 있다는 소문이 돌았다. 그 무렵 은행나무거리에 대화재가 일어나고 전주에서 선거위반문제가 발생하는 등 여러 가지 불길한 일들이 속출했다156)" 또, 관여했던 일본사람들이 급사하거나 변사하는 일이 연이어 벌어진다.

대화재와 선거위반 사건

1930년 1월 14일 전주제사공장에서 불이 나서 건물 두 동이 모두 불타고157), 2월에는 전주도립병원에서 원인미상의 화재가 나158)기도 한다. 본정159), 청수정160), 고사정161) 등 원도심에서 연이어 원인모를 화재가 발생했다. 그중에 웃지 못 할 사건도 있었다. 옆집에서 불이 나자 소방서에 신고를 해, 소방차가 출동을 하지만, 불 난 집이 세금을 물지 않으려고 불이 나지 않았다고 말한다. 진화작업이 늦어져, 안방을 모두 태우고 거짓말도 들통이 났다162)는 기사다. 연이은 화재에 결국 수관차水管車 두 대를 구입하게 된다.163) 당시 전주에 한재가 심해서, 약령시가 한산하다164)는 기사를 볼 수가 있는데 연이은 화재는 우연의 일치겠지만 뭐랄까 도둑이 제 발 저린 건지도 모른다. 어쨌든 일본인들은 무서웠던 모양이다.

면장이었던 모리야마 이오타리가 나무를 베고 20여 일 후에 돌연 사표를 제출하였다. 면의원 선거에서 부정투표가 발견이 되면서 이것을 책임지고 사임한 사건이었다.165) 좀 더 자세히 봐야겠지만, 5년짜리 하수구 공사를 3년으로 단축하면서 공사 입찰자를 선정하166)는데 이것과 관련된 부정사건으로 추측된다. 자기들이 잘못해 놓고 멀쩡한 은행나무에다가 핑계를 댄 셈이다. 또 "여러 가지 불길한 일이 속출했다"고 했는데 당시 신흥학교, 기전학교, 전주여고보167), 전주고보 학생들이 이 사건하고 무관하게, 조선역사를 교수케하라, 조선어 시간을 연장하라, 학생회 자치권을 요구168)하는 만세시위가 연일 있었다. 학생들이 구속되는데, 사실 이건 나무를 벤 것과는 무관하지만 모든 발단을 베어낸 은행나무에서 찾는다.

은행나무 지장당

이후 베어낸 자리에 다시 어린 은행나무를 심는데 1931년에 또 사건이 발생한다. 창고에 있던 베어낸 나무에서 새싹이 돋아난 것이다. 일본사람들이 미신을 믿는 것이 강한 편이어서 결국 이 나무로 지장존과 당우를 만들어 세워 놓는다. 지장존은 지옥·아귀·축생·수라·하늘·인간세상의 중생을 구원하는 대비보살이다. 현재 베어낸 은행나무로 만든 지장존은 사진으로만 남아있다. 이후에 매년 10월 23~24일 이틀을 성대한 축제일로 지낸다. 후타바(二葉)·고후지(小富士)가 각각 양산과 조화를 지장당에 기증했다는 기록이 있는데 이들은 게이샤다.[169]

축제를 만들고 게이샤가 왔다. 어떤 의미 있까? 두려움을 자기화하고 세를 과시하는 모습, 관광지화하는 것을 엿 볼 수 있다. 이후에 조선의 88개소 중에 65번째 신령스런 장소靈場로 지정해서 은행나무 지장존이 세상에 알려지게 된다.[170] 88개 영장은 일본 밀교 진언종에서 온 것이다. 일본 시코쿠섬의 88개 영장을 본 따 온 것으로, 그들의 종교 순례지로 만든 것이다. 이것은 목포 유달산에도 있는데, 몇 개의 불상이 현존해 있다.[171] 전주 은행나무 지장당의 행방을 더 이상 찾을 수 없었다. 88개 영장이 전국 어디어디였는지 지장당은 어디로 사라졌는지 두 가지 연구주제를 남겨 놓는다.

그곳이 어디일까?

베어낸 자리에 어린 나무를 심었다고 하는데 지금도 있을까? 그래서 직접 한 번 가봤다. 이 이야기를 알고 보면 직감적으로 알 수 있었다. 전주 중국인거리를 알리는 관문인 소주가에서 북쪽을 보면 ㅎ불고기집이 있다. 그 맞은편에 길 쪽으로 툭 튀어나온 은행나무가 하나 있다. 길을 내면서 충분히 벨 수도 있는 나무인데 저렇게 놔둔 것은 분명히 무슨 사연이 있다는 것을 직감할 수 있다. 직접 보면 무슨 말인지 알 수 있다.

정리하자면 일본 사람들이 600년 먹은 은행나무를 베어버리고, 그 나무가 뿌리내리고 있던 전주 가장 번화가에 자기들의 축제를 만든 것이다. 전주에는 곳곳에 오래된 나무들이 있는데, 다 세월만큼의 사연을 갖고 있다. 이 사연들을 모아, 전주의 '나무지도'를 만들어 보면 어떨까? 은행나무 지장당 역시 어디에 있을지 찾아 보아야 할 과제다.

은행목통의 커다란 은행나무: 베기 직전, 신관을 청해 제사를 지내는 모습

은행목통의 지장존
(베어낸 은행나무로 만들었다.)

은행목통의 은행나무와 지장존[172]

보물과 도굴[173]

아마추어 고고학자?

일본이 청일전쟁(1894~1895)에서 승리한 후, 동경제국대학 인류학교실의 도리이 류조가 일본 군부의 지원을 받아 요동반도에 대한 고고인류학적 조사를 실시한다. 1902년에는 동경제국대학 공학부의 세키노 타다시가 한반도 전역의 고건축과 문화재 전반에 대한 현황조사를 시작한다. 1905년 러일전쟁 당시 일본은 중국 지린성 집안의 고구려 유적을 조사했다. 일본의 이민정책에 편승해 한반도에 건너온 일본인들은 도자기를 얻기 위해 개성과 강화도에서 대규모 도굴을 감행하기도 했다. 이와 함께 각 지방에는 일본인이 만든 아마추어 고고학자 모임이 성행하였는데, 경주고적보존회[174]와 부산고고회가 대표적이다.

전통의 존중

당시 일본인들은 경주를 고대 일본의 지배를 받았던 잃어버렸던 땅이라고 인식하고 있었다. 경주에서 출토된 유물들은 고대 일본과의 관계를 설명하는 가장 중요한 물건으로 역사를 왜곡하는데 활용이 되었다. 또한 박물관 사업을 통해 식민 통치 초기부터 '전통의 존중'이라는 형식을 통해 왜곡된 과거로부터 현재를 정당화하는 논리를 주입시키는데 활용한다.175) 신라 유적조사와 유적 보존활동이 일본의 조선 지배를 정당화하고 일본제국의 권위를 강화하는데 도움이 된다는 메시지를 끊임없이 권력층에 전달하고 설득한다. 한편에서는 문화재를 이용해 관광객을 유치하고 거기에 나오는 이익은 경주 거주 일본인 사회가 독점적으로 나누어 가졌다.

다양한 수익사업을 벌이는데, 금관총 발굴 이후 수많은 일본인들이 경주를 방문한다. 그 안내를 경주고적보존회가 맡아 경주를 선전하는 다양한 책자와 전단지를 일본에 뿌렸다. 선전의 주요 내용은 금관총과 경주 기생이었다. 1930년대에는 경주의 고적을 유람하는 자동차회사를 설립하고 경주고적안내를 통해 이익을 올렸다. 개발된 코스별 요금과 고적을 설명하는 안내서까지 제작해서 배포하기도 했다. 기념품으로 탁본을 제작하고, 각종 서적과 엽서를 만들어 판매하기도 했다.

천년기와

1931년 전주 역시 명소 사진이 붙은 「전주안내도」라는 관광지도가 제작된다. 당시 신문에서는 조선왕조의 발상지로 경기전과 태조어진 등이 조명되어 관광지화하는 모습이 보인다. 2010년 지역의 소장학자들 사이에서 세초매안한 태조어진을 경기전에서 발굴해야 한다는 여론이 있었다. 발굴이 되면 그나마 다행이지만, 발굴이 되던 그렇지 않든 그 자체가 문화재를 파헤치고 훼손할 수 있기 때문에 문화재청의 허가를 받지 못했다. 이 결정 전에 지역의 원로 들은 삼양다방에서 "경기전을 발굴하자는 말은 일제강점기를 전혀 모르고 하는 말이다. 이미 일본인들이 철저히 파헤쳤고, 있다면 이미 가져갔다"고 이야기했다.

이와 비슷한 예로 『전주부사』에 천년이 된 기와 사진이 수록되어 있다. 다음은 사진에 대한 설명이다.

"전塼 '두 사자가 자웅을 겨룸' (이상 오마가리 미타로 씨 소장): 1926년 무렵에 화원정의 현 도립 의원 부근에서 발견. 고찰에 사용되었던, 바닥에 까는 기와로 신라 말, 고려 초 즉 약 1천 년 이전의 것으로 여겨진다. 길이 1척 3촌 2부, 폭 9촌 5부, 두께 2촌 3부. 이곳 부근에는 약 500년 전인 조선 세종 시절에 승의사라는 절이 있었는데 당시에는 아직 실록각이 없었기 때문에 조선실록을 일시 그 절에 보존했다고 한다. 그 외는 아는 바가 전혀 없다.176)"

발굴한 사람은 오마가리 미타로[大曲美太郞]라는 사람이다. 그는 1930년대 부산고고회 설립에 간사로 참여하고 부산에서 세관 직원으로 근무하다가, 전주에는 전매청 직원으로 온 인물이다.177) 『전주부사』에는 그가 "전주의 옛 기와 수집에 이상할 정도의 노력을 기울여왔다.178)"라고 기록되어 있는데, 그의 행적을 살펴보면 거의 전국적으로 기와 수집을 한 것으로 보인다. 이 천년기와는 1926년 화원정 도립의원 부근에서 발견되는데, 지금의 경원동 전북대학교평생학습센터 자리다. 또한 전주사고가 세워지기 전에 이곳에 있던 승의사라는 절에서 『조선왕조실록』을 보존했다고 전하고 있다. 천년전주라고 흔히 말하지만, "천년이 된 유물이 무엇이 있냐?"라고 누군가 물으면 쉽게 답하기 힘들다. 이 기와가 일본 어딘가 있을 것 같은데, 찾아와야 한다. 적극적인 연구와 조사가 필요한 실정이다.

공중을 수차 배회하다 비상 착륙[179]

전주에 착륙한 비행사

1920년대 전주에 착륙한 비행사에 대한 이야기다. 이 이야기는 2007년 전주역사박물관에서 발간한 『숨겨진 시간을 찾아서』라는 책에 나오는 두 장의 사진에서 시작한다. 아무것도 없는 들판에 복엽기 한 대가 착륙해 있고, 여러 사람이 기념 촬영한 사진 하나, 다른 하나는 비행사의 가족으로 보이는 가족사진이 나란히 실려 있다. 장소는 1925년 진북동 우성아파트 자리라고 쓰여 있다.[180]

불시착

지금과 같은 현대적인 비행장은 아니었다. 1925년 4월에는 또 다른 비행기가 광주를 전주로 알고 공중을 수차 배회하다가 비상 착륙, 진흙에 박혀 비행기는 망가졌으나 비행사와 동승자는 무사하다[181]는 기사가 있다.

비행사 신용인

1927년 5월, 일본에 유학 중이던 비행사 신용인(1901~1961)이 전주에 비행학교 설립을 발표한다. 그 이유는 "경성이 비행학교 설립에 적당하지만, 홍수가 많은 관계로 전주에 설치한다"라고 언급한다. 고향이 고창이어서 이렇게 말했던 것 같기도 한데, 같은 해 8월에는 고국방문비행을 발표한 것으로 보아 재산이 꽤 많았던 것으로 보인다. "지금 극도로 경제공황인데, 조선사회 일반의 동정으로는 불가능하고 일절의 비용은 전부 내가 부담하고자 한다. 내가 가진 비행기가 세 대나 있으니, 비행기 사는 데는 돈이" 들지 않고, 학교 설립 비용은 2만 원을 예상했다.[182] 2만 원이면 지금 돈으로 얼마나 될까? 정확하지는 않지만, 당시 금 한 돈이 5원 50전이었다. 지금 금 시세와 비교하면 육억 팔천육백만 원 정도 될 것 같다. 당시 경제공황이었고, 화폐가 귀한 시절이었던 것을 감안하면 큰돈이란 것을 알 수 있다.

고국방문비행

1927년 11월 전주민우회에서 비행가 신군 환영회를 조직한다.[183] 12월 인천에 130마력의 비행기가 도착[184], 연일 동정이 보도된다. 12월 17일 전주덕진비행장에 착륙을 예고하지만, 16일 전북도경찰부로부터 "전북 관내는 때가 때임으로 비행중지를 명한다"[185]는 통지를 받는다. 당시 만주에 사는 우리 동포를 길림성 관헌들이 폭압한다는 소식이 알려지면서 지역의 화교를 배척하는 비신사적 사건이 일어났다.186) 이것을 두고 지역 학교들은 "일본이 만주를 침략하려고 이간질한 것이다"187)라고 말한다. 어쨌든 다음해 4월 4일 오후 3시에 전주덕진연못 부근에 착륙188)하는데 비행기 이름은 타이거호였다.189)

비행기 헌납식

앞에 책에서 1925년 지금의 진북동 우성아파트 자리에 착륙한 비행기를 보면 영어로 타이거호라고 쓰여 있다. 신용인이 1928년 타고 온 비행기도 신문지상의 사진을 보면 타이거호라 쓰여 있다. 그 모양도 비슷한데, 우연일까? 앞에 사진을 기증한 분의 기억 상 착오일까? 후자로 추측되는데, 진북동쪽 비행장은 1930년대 후반에 만들어진다. 이 부근에 방직공장이 들어서는데 군수물자를 만들고 낙하산을 만들기도 한다. 『전주부사』를 보면 1937년 11월 진북동에 폭이 50m인 비행장을 완공하고 비행기 헌납식을 했다190)는 기사를 볼 수 있다.

1937년에 중일전쟁이 있었다. 지역민에게 비행기를 헌납하라고 강제로 성금을 걷게 했는데, 이때 헌납식을 보면 비행기 5대가 전주에 날아와서 일본 해군기로 헌납되어서 다시 날아갔다. 성금을 냈으니까, 한번 보여주기 위해 온 것이다.

친일비행사

그러나 비행학교는 전주에서 개교하지는 못했고, 조선비행교라는 이름으로 1929년 5월 5일 경성 여의도의 비행장에서 개교를 한다.191) 신용인이 교장이 되는데, 이후 이름을 신용욱으로 개명한다. 1948년에는 대한항공 전신이라고 말하는 대한국민항공사를 설립하는데, 여기에 반전이 있다. 1949년에 반민특위에 친일 비행사로 체포된 것이다.192)

당시에는 구명운동도 있었고 혐의가 적다고 풀려난다. 이후 2대, 3대 국회의원을 지냈는데 1958년에 여객기 1대가 납북193)이 되면서 계속 사업에 실패, 4대 국회의원에서 낙선 한 후 자살로 생을 마감하였다.194) 2002년 민족정기를 세우는 국회의원 모임이 발표한 '친일파 708인 명단'에 포함되어 있고 2009년 민족문제연구소의 『친일인명사전』에도 그 이름이 올라와 있다.

전주역과 성냥갑 열차[195]

경편철도

전주역은 1914년 11월 17일 보통역으로 문을 연다.[196] 처음 전주와 이리(현 익산)간에 놓인 철로는 경편철도(폭이 좁은 762㎜의 협궤철도)였다. 경편철로의 기차는 흔히 아는 열차와 다른 작은 기차를 말하는데 '성냥갑만하다'[197]라는 비유를 종종 사용하곤 한다. 이 경편철도는 당시 국내 최초의 사설철도였다는 점에서 의의를 갖는다.

흔히 일제강점기 전주의 양반들이 철도 개설을 반대해 전주의 발전이 늦어졌다는 이야기는 과연 사실일까? 이런 이야기는 전주뿐만 아니라, 다른 동네에서도 사실처럼 알려져 있다.

이두황 책상을 치다

1912년 봄, 전라북도 도장관이었던 이두황이 전주 시내의 유지들을 모았다. 철도의 전주 통과를 촉구하며 1주당 50엔씩 하는 주식 가입을 종용하였다. 이때 전주의 유력자들은 이두황의 주장을 이구동성으로 거부하였고 끝내 응하지 않았다.

그렇다면 이두황이 누구인가? 동학교도를 잔혹하게 진압하고 명성황후 시해에 가담해 일본으로 망명했다가 전라북도의 첫 도장관으로 부임한 사람이었다.198) 도장관은 지금의 도지사에 해당하는 직위다. 이 반대에 이두황은 책상을 치며 "그렇다면 전주는 결국 망하게 될 것이다"라고 말했던 것이 『전주부사』에 기록되어 있다. 당시 이런 철도 부설을 놓고 일본 대기업에서는 채권을 팔고 다녔고 전주의 유지들은 이것에 응하지 않았다. 그 후 호남선은 관설官設로 전주를 제외한 노선 전체가 1914년 개통된다.199)

이때 전주에서는 유지들을 중심으로 자체적인 철도 설치를 위한 운동비의 기부 모집에 진력을 기울여 기성회가 1912년 설치되고 1913년 1월 전주와 이리 간 철도 부설허가를 받았다. 1914년 2월 전북철도주식회사가 설립되면서 공사에 착수하여 같은 해 11월 전 구간이 개통된다.200) 당시 전주역은 전매국 상생공장이 있던 상생정 22번지의 1에 위치해 있었는데201), 현재 태평동에 있는 SK뷰 아파트 앞쪽이다. 1927년 철도국에 매각되어202) 1929년에는 현 전주시청 자리로 전주역을 이전203)한다.

이 철도 사이에는 5개의 역이 있었다. 덕진, 동산, 삼례, 대장, 구 이리(동이리)로 대지주들이 서로 자신들의 농장을 통과시키기 위한 숨은 다툼 속에서 절충되어 나온 통과역이었다. 조촌에 동산역을 세웠는데, 미쓰비시 재벌 총수인 이와자키의 호를 따서 동산농장이 있었다. 삼례역에는 금융재벌이었고 친일파였던 박기순 농장, 대주주였던 백인기 농장, 춘포에는 대장농장이 연결되어 있었다.204) 1938년 한 해 승차인원은 364,193명이었고205),

1939년에는 여수에서 전주를 경유하여 경성으로 가는 직통열차를 1일 1회 운행했다.206)

춘포역

익산의 춘포春浦는 만경강의 배가 드나들던 포구였다. 봄 춘 자를 쓰니까, 우리말로 봄나루라는 말이 된다. 철도가 있기 전에는 배가 주요한 운송수단이었다. 1914년 전주와 익산 간 경편철도가 개통되면서 역 건물이 지어졌다. 처음에는 대장역이라고 했고, 호소가와 농장은 경편철도 개통에 맞추어 정미소를 완공한다. 이 일본식 이름은 1996년에 춘포역으로 명칭이 바뀌었다. 호소가와는 풍남동, 현재 전주한옥마을 입구에 별장을 지었다. 1960년대 중반 이후 전북대학교 총장 관사였다. 1970년대 중반 이 자리에 양옥을 건립한다.207) 지금의 전북대예술진흥관이다.

대장역은 무슨 뜻일까? 호소가와細川농장은 춘포를 오오바무라(大場村: 넓은 뜰이라는 뜻)208)라 불렀다. 우리식 지명을 지우고 일본식 지명을 사용했다. 춘포역은 현존하는 남한의 600여 개의 역사 가운데 가장 오래 전에 건립되어서 2005년에 등록문화재로 지정되었다. 현재는 박물관으로 사용하고 있다. 넓은 평야에 만경강이 흐르고 있어 아름다운 곳이지만 역을 짓고 정미소를 함께 완공했다는 점에서 일제의 수탈을 읽을 수 있다. 완산팔경에 돛단배들이 돌아오는 모습이 산수화 같다는 동포귀범東浦歸帆이란 말이 있다. 경편철도가 개통되기 이전에는 만경강 뱃길을 유용하게 사용했지만 춘포역이 생긴 이후에는 만경강 대안(對岸: 건너편 언덕)의 김

제시 백구면 주민들도 배를 타고 건너와서 춘포역에서 전주, 익산, 군산에 갔다.209)

성냥갑만한 기차

일제강점기 전주전매국에서 근무했던 구미정언久米靜彦의 증언이다.

"1923년 이리역에서 성냥갑 같은 경편철도를 타고 흔들리면서 전주역에 내렸다. 역전은 한산했고 인력거를 타고 포플러나무 가로수 밑을 지나 대정정(현 중앙동)까지 가던 시절이었다.210)"

얼마나 작아서 성냥갑만 하다고 했을까? 1926년 덕진역과 동산역 사이의 작은 다리에서 소와 충돌해 기차가 탈선하는 사고가 있었다. 다행히 별반 상해와 손해는 없었지만 기차는 다시 전주역으로 회차했다.211)

만경강철교

1927년 10월 3일 기러기도 쉬어 간다는 삼계 비비정에서 전라선을 이어주던 만경강철교, 일명 삼례철교의 기공식이 있었다.212) 2013년 문화재청은 만경강철교를 국가등록문화재로 지정했다. 당시에는 한강철도 다음으로 긴 교량이었다.213) 1912년에는 전북경편철도주식회사가 전주와 이리 간 경편철도를 개통하면서 나무다리로 만든다. 호남지방의 농산물 반출의 중요성을 인식한 일제가 1927년 경편철도를 국유화하고 일반철도로 광궤화(레일 간격 762㎜→1,435㎜)하면서, 1928년에 만경강철교가 준공되었다. 일제강점기 호남평야 쌀 수탈의 역사를 간직하고 있는 철교다.

목천포 철교 폭파

이런 수탈의 철도를 폭파하려는 시도가 1944년에 있었다. 이리 농림학교의 20여 명의 학생이 김제군 금구면 오산리에서 일본인이 운영하던 고깔봉광산에서 총기와 폭약을 탈취, 폭파를 시도하려다 실패하고 김제경찰서에 구금되어 모진 고문을 당한 사건이다.

당시 학생대표였던 이상운은 해방을 1개월 앞두고 세상을 떠난다. 1991년에 건국훈장 애국장이 추서가 되었다. 추모탑은 현재 익산시 마동 전북대학교 특성화캠퍼스 내에 세워져 있다. 해방 후 이리농림학교에서는 목천포 철교 폭파 미수사건을 연극으로 만들어 전주, 이리, 정읍, 김제에서 대환영을 받았다.[214]

해방과 전주역의 풍경

일제강점기 전주에서 살던 일본인 선산참남船山參男과 도산불이 남陶山不二男의 증언이다.

"전주에서 철수한 것이 1945년 10월 25일로 기억한다. 전주역 남쪽에 있던 철도관사 마당에서 간단한 신체검사를 하고 현금은 1인당 천원으로 제한되었다. 왜 내가 번 돈을 마음대로 가져가지 못하는지 이해가 되지 않았다. 등에는 쌀 한 말을 짊어졌고 취사도구와 옷가지를 챙겼다. 짐차에

짐짝처럼 실리어 오후 4시경 전주역을 출발하였다. '화원정이여! 전주여! 잘 있어라!' 생각하면서 모두 눈물을 흘리며 살아오던 전주를 뒤로하였다. 다음날 오후 부산역에 도착하였다."215)

"1945년 가을을 최후로 자식 7명과 함께 전주역에서 기차를 탔다. 이웃 사는 분들과 눈물겨운 대화를 나누고 전송을 받으며 전주역을 떠났다. 일본 내의 사정도 모르면서 어언 30년이 지나갔다. 철수자들은 패전의 일각에서 살기 어려움을 견디며 어찌어찌해서 지금까지 살아왔다. 때로는 외롭고 쓸쓸하였지만, 참아가며 여기까지 살아왔다. 남에게 말도 못하고 벙어리 냉가슴 앓으며 살아오다 보니, 이제 웃음도 머금으며 일상생활을 지내오고 있다. 아름답게 생각되는 옛적 전주천, 오목대, 완산의 산모퉁이, 다가정의 전주신사, 도시락을 싸가지고 소풍간 남고산성, 벚꽃이 만발한 덕진연못 등이 생생하게 생각난다. 타 학원도시에서 볼 수없는 작은 교토 같은 도시였다. 도청, 부청, 재판소, 도립병원 등이 생각나고 70살이 넘고 보니 어릴 놀던 동무, 깊이 사귀던 친구들, 신세를 끼친 친구와 사람들이 생각나 감개무량하다.216)"

이들은 전주에서 나고 자라 전주를 고향으로 생각하고 있고, 향수병에 시달렸다. 이것을 어떻게 받아들어야 하나? 일제강점기 철도를 놓지 못해 우리 동네가 발전하지 못 했다는 생각이 누구의 생각인지 옳은 견해인지 고민해 봐야할 쉽지 않은 이율배반적 문제이다.

무전여행과 오춘기

술막에 들리면

지난여름 전주 관통로 사거리를 지나가는데 낯선 풍경 하나를 보았다. 20대 초반으로 보이는 남성 1명과 여성 2명이 배낭을 메고 종이 푯말을 들고 서있었다. 푯말에는 "무전여행 중입니다. 고속도로 요금소까지만 태워다 주세요"라고 쓰여 있었다. 문득 이런 생각이 들었다. 무전여행은 언제부터 시작되었을까? 정확히는 알 수 없지만 아마도 20세기 초에 무전여행이 시작된 것 같다. 찾아본 바로 1921년 신문기사가 가장 오래되었다. 1926년부터 학생들 사이에서 무전여행이 본격적으로 시작되면서 신문지상에서 꽤 화제 거리로 다루었는데 지금하고 풍경이 많이 다르다. 1940년 소설가이자 평론가인 김남천이 쓴 수필「무전여행」의 일부다.

> 한때 학생들 간에 무전여행이 성행하였다. 방학 때를 이용하여 세넷이 짝을 지어 지방을 순회하는 것인데 고을이나 술막에 들리면 신문지국이나 지방인사의 신세를 졌다. 당시의 사회는 생판 본적도 들은 적도 없는 학생들의 숙박을 주선해 주고 그들의 점심값을 알선해 주는 것을 다시없는 즐거움으로 여겼다. 지금은 그런 무전여행도 없거니와 있다고 해도 대접을

받지는 못할 것이다. 어느 동안에 시세가 변한 것이다. 그런데 나는 요즘 가끔가다 이 무전여행을 하고 스스로 즐기고 혼자서 유쾌해 한다. 관광협회에서 각처의 여행안내를 한 묶음 잔뜩 얻어다 두고 가끔 소설을 쓸 때 써먹곤 하였다.217)

먼저 술막은 주막을 말한다. 이 글을 보면 두 가지 사실을 알 수가 있다. 하나는 무전여행이 환대를 받았다는 사실이고, 1940년에 이르러서는 그렇지 않게 되었다는 사실이다. 잠자리도 주선해 주고, 밥도 사주고, 당시에 인심이 좋았다고 봐야 할까? 인심이 좋았다고 보기 보다는 근대 이전의 문화가 남아있었다고 생각을 해야 한다. 무전여행을 가난한 학생이 했다고 생각을 할 수 있지만, 방학 때 가난한 학생이면 어디를 갈까? 집에 가서 농사일을 돕거나, 학비를 벌 것이다. 누구나 여행을 할 수 없는 시절에 학생들의 특권 같은 것이었다. 즉, 당시 정서에 무전여행은 손님으로 대접을 받은 것이다. 그나마 일제강점기에 학생 신분으로 무전여행을 할 수 있었다는 건 그만큼 여유가 있었다는 것을 뜻하고, 실제로 각 지역 신문지국에서 이 학생들의 동정을 보도하고 돕고 있는 게 이것을 반증한다.

그런데 1940년에는 무전여행 하는 학생들을 왜 반기지 않았을까? 앞의 수필에 답이 나와 있다. 관광협회가 만들어지고 각지의 여행안내를 하는 인쇄물이 만들어졌다는 것을 알 수 있는데 여기에는 현지의 숙박비, 음식값, 교통요금, 명소 등이 자세히 안내가 되어 있었다. 이것은 관광자본이 생겼다는 말로 당연히 공짜손님은 싫어질 것이다. 그러니까, 우리 고장을 찾는 손님에서 이제는 고객을 바라는 셈이다. 협객은 힘으로 약자를 돕는 사람을 말하고, 고객은 돈으로 약자를 돕는 사람을 말한다. 고객이 상당히 좋은 말인데, 지금은 백화점에서 흔히 들을 수 있다. 우리 물건을 사주는 좋은 사람이란 뜻이 된 것이다.

봉래척후대

그러면 이렇게 시절이 변하기 전에 무전여행객은 어떤 대접을 받았을까? 하멜이 저술한 『조선 왕국기』에 17세기 조선의 여행 풍속이 기록되어 있다. 이 기록에 따르면, 서울로 가는 큰길에는 주막이 있었지만, 이외에는 여관 같은 것은 없었다. 나그네가 아무 집이나 안마당으로 들어가서, 자기가 먹을 쌀을 내놓으면, 집주인은 밥을 지어서 반찬과 함께 나그네를 대접했다. 집집마다 순번을 정해서 나그네를 대접하는 마을이 많았고, 이에 대해 어느 집도 군소리를 하지 않았다고 전하고 있다.[218] 자신이 먹을 쌀을 내어 놓았으니, 무전여행객은 아닌 셈이긴 하다.

1926년 6월 봉래척후대 두 소년 조윤덕군과 이창성군이 일 년 동안 예정으로 전 조선무전여행을 계획하여 출발한다. 종로양복점에서 소년군복 두 벌을 기부하였다. 여행길은 다음과 같다. 문산, 개성, 해주, 원산, 부산, 목포, 광주, 전주 등[219]이다. 척후대는 지금의 보이스카우트라고 생각하면 될 것 같다. 전주는 당시 무전여행객의 코스에 거의 대부분 들어있었다. 이렇게 이 소년들이 지방의 신문지국을 들르는데, 양복점에서 옷을 기부한 것처럼, 사소하게는 각지에서 누가 빙수를 제공했다는 기사도 있다.

그만큼 색다른 이슈였고, 계속해서 보도가 된다. 1928년 1월 "군산의 김동진, 배철아, 김영일 군이 청년의 큰 뜻을 품고 작년에 군산을 떠날 때 유지 수십 인이 축복하는 동시에 처음 뜻을 관철토록 작별연회를 한 후 충남 서천 방면으로 첫걸음을 옮겨 240일 만에 전 조선을 무사 돌파했다[220]"는 기사를 볼 수 있다. 작별연회면 잔치를 해줬다는 말인데, 요즘 말로 하면 파티를 해줬다는 말이다. 이렇게 무전여행임을 당당히 선포하고 떠나는데 많은 사람들의 관심과 지원을 받고 계속해서 동정이 보도된다. 그만큼 흔치 않은 화제 거리였다. 이러다 1930년대부터 시들해지다가, 1960년대 다시 붐이 일어난다.

헛된 영웅심과 모험욕

국사편찬위원회 홈페이지에 가면 『대한민국사연표』에 "1962년 9월 27일 무전여행자 범람"이라고 기록되어 있다. 또한, 1963년에는 무전여행에 관한 신문기사 수가 10배 이상 급증하는 것을 볼 수 있다. 범람이라고 하면 넘쳐났다는 이야기인데, 그 이유가 여러 가지다. 1962년에는 세계일주 무전여행을 하던 서독과 영국의 남녀가 한국에서 결혼식을 올리겠다[221]고하여 화제가 되기도 했다. 같은 해 7월에는 프란츠 그루바의 『세계무전여행입문』이 출간[222]되고, 8월에는 김찬삼의 『세계무전여행기』가 비소설부문 베스트셀러에 오른다.[223] 무전여행이 하도 성행이 되니까, 1963년에는 김수용 감독의 코미디영화 『후라이보이 무전여행』이 개봉한다.[224] 이것을 1960년대부터 출판사업과 함께 미디어 보급이

대중화되면서, 대중문화가 확산되는 현상으로 해석[225]하기도 한다.

무전여행자 범람이란 기록에서 부정적인 의미 또한 읽을 수 있다. 1962년 "치안국에 의하면 충청남도에서만 무전여행자 1830명이 다녀갔으며, 지금(10월)도 169명의 무전여행자가 있"었다. 기사에서는 이들이 "헛된 영웅심과 공상적 모험욕에 사로잡혀" 무전여행을 떠났으며, "명승고적지답사와 농어촌의 실정을 알기 위한다는 구실로 지방 각 기관과 지명인사들을 찾아가 식사 제공과 여비 요구 등으로 괴롭히고 있는 사례가 많다고 경고[226]"하고 있다. 이와 같이 사회문제화[227] 되면서, 1970년 7월 23일에는 "문교·내무부, 여름방학 중 남녀 학생의 혼성캠핑·무전여행 단속을 각 시·도에 지시"라는 기사를 『대한민국사연표』에서 읽을 수 있다.

오춘기

지금은 시대가 많이 변했다. 다시 처음으로 돌아가서 전주에 오는 무전여행객을 환영해야 할까? 이 시대에 진짜 무전여행이 있을까 하는 의심도 든다. 지금 한옥마을에서 한복을 입고 노는 문화를 만든 사람들은 대중교통인 기차를 타고 전주에 온 20대 청년들이다. 10대에는 사춘기가 오고 20대와 30대에는 오춘기가 온다고 한다. 청년들이 가방 하나 메고 돈 몇 푼 들고 전주에 와도, 재미있게 놀고먹고 자신의 인생을 고민하고 설계할 수 있는 오춘기를 날 수 있는 곳이 되었으면 한다.

부채와 근대화가 이인성[228]

『전주부사』가 기록한 단선·선자, 우산

『전주부사』에 의하면 단선·선자, 우산에 대한 다음과 같은 기록이 있다.

> "이 세 가지 모두 제작은 오로지 수공업에 의존하고 있다. 선자는 7단계의 분업으로 만들어지는데, 선자의 손잡이나 뼈대 등에 낙죽烙竹이라 불리는, 낙화烙畵를 그리는 것이 있다. 이것은 인두로 섬세한 모양 등을 대나무 표면에 그리는 것인데 특수한 기술을 필요로 하기 때문에 전문가는 매우 적다. 예전에는 박병수朴炳洙가 이에 뛰어났으며 지금은 백남철(白南哲, 완산정)의 이름이 높다고 한다.[229]"

이 장인들을 누가 기억하고 있을까?

> "우산에 붙이는 문양은 향토색이 짙은 진기한 것이기 때문에 풍류를 아는 사람들의 사랑을 받고 있다.[230] 조선 우산도 전주 특산인데 유래는 명료하지 않다. 일설에 의하면 1895년의 전쟁 무렵, 동학교도 중 남고산으로 달아나 숨어살던 자들이 생활비를 벌기 위해 양산(洋傘)의 제작법을 모방하여 그것을 창제한 것이라고 한다. 참고로 죽골竹骨에 종이를 바른 작은

우산은 약 300년 이전부터 경기전 내의 용인傭人 등이 부업으로 제작하여 판매했다고 한다.231)"

어떤 문양이고 그들은 어디로 사라졌을까?

해외로 수출한 부채와 우산

일제강점기인 1929년 5월 전북도에서는 전주 선자업 공장을 들러보고, 1930년부터 도에서 보조금을 지원한다고 약속한다.232) 1934년 1월 전주에는 639인의 직공이 있었다.233) 1936년 1월에는 전주의 지물과 유물油物을 소개하는데 한해 우산이 삼십만 개, 부채 백만 개를 생산하여 전주 유물은 전 조선 안의 각지 시장을 독점하고 태평양을 건너 하와이까지 판매하고 있는데, 크리스마스 선물로 많은 귀염을 받고 있다234)고 기록하고 있다. 1936년 7월에는 전북도에서 품질을 향상키 위해 생산물 전체의 품질 검사를 실시하고, 전주제산製傘조합이 생산물 전체를 수거하고 판매235)하게 한다.

1938년 3월에는 미국에 수출하던 것을 좀 더 대량 생산하고 질적 향상을 위해 15명을 선발, 3개월간 강습회를 개최하였다.236) 1938년 7월에는 '전주 단선 대기염, 이백오십만본 품절'이란 기사237)가 보인다. 1939년 3월에는 전주 우산과 단선의 개량을 전주산업조합의 3개년 계획으로 실행한다. 취지는 다음과 같다. "시대가 요구하는 상품다운 상품으로 개선, 선자는 고전미가 있기는 하나, 몸체가 너무 큰 것이 결점이고, 단선은 실용성과 전주를 방문한 사람에게 기념품으로 인기가 높은데, 단선에 그린 풍속화가 너무 속되다" 하여 "근대화가 이인성씨를 초빙하여 근대적 화면으로 개량"한다.238)

근대화가 이인성

신문기사를 보다가 놀라지 않을 수 없었다. 이인성(1912~1950)은 일제강점기에 활동한 천재화가로 알려져 있다. 그가 부채에 그렸다는 그림은 어떤 그림일까? 여기저기 문헌을 찾고 토박이 어르신을 찾아 물어보았지만, 더는 알 수 없었다. 이번에는 이인성 기념사업회 회장의 전화번호를 알아내어 전화를 했다. 그 역시 놀라워했다. 사연은 이렇다. 국립현대미술관에서는 이인성 화백의 연구 사료를 수집하는 공고(2011.12~2012.2.)를 띄웠다. 그런데 수집이 끝나고 보니 "서양화가가 왜 부채그림을 그렸는지 이해할 수 없었다."고 한다. 『이인성 탄생 100주년 기념전』의 도록에 수록된 부채 그림은 단선 그림이 아니라, 합죽선 그림이었다.

어떤 그림인가?

1939년 전주산업조합에서는 대구의 이인성 화백에게 단선에 사용할 그림을 의뢰한다. 이때 이인성은 다섯 장의 의장을 도안239)한다. 이후 1940년 조선총독부가 제삼국 수출품을 선택하기 위해 개최한 조선수출공예품전람회에서 입상한다. 그리고 이런 평이 곁들여져 있다.

"실용품에서 훌륭한 예술품이 되어 외국시장에 내놓아도 부끄러움이 없다.240)"

신수경의 연구에 따르면 유족이 소장한 '총후銃後를 지키는 산업전선生業戰線'이란 제목의 신문기사241)에 "단선의 모양에 전북 명소와 풍속, 역사 등을 도안했기 때문에 금후 더욱 그 미술적 가치를 높일 것으로 기대 된다."242)고 쓰여 있다.

단서와 과제

앞서 한 이야기를 정리하면 다음과 같다. 부채만큼이나 유명했던 전주의 우산은 동학교도와 관련이 있었다. 경기전에서 일하던 사람들은 대략 370년 전부터 우산을 만들어 판매하였다.

1934년 정태량과 전주 유지들이 발기하여 전주제산조합을 조직하고, 부채와 우산의 근대화를 고민하고 개량화를 시작한다. 이후 단선은 한해 이백오십만 개를 생산, 중국과 미국 등지에 수출하였다. 1939년에는 인상주의 화풍의 이인성이 전주 단선의 화면을 그린다. 전주 부채와 관련한 수수께끼를 풀기 위한 단서이다. 이 이야기들은 곳곳의 자료에 산재해 있으나, 단편적이다. 전주부채에 대한 역사, 심미적 비평을 다룬 책은 거의 없는 것 같다. 아마도 부채에 대한 유일한 국내 서적(도록 제외)은 최상수(『한국부채의 연구』, 성문각, 1988)의 연구가 유일한 듯한데, 역사성이 단절적이다. 이 책의 84쪽에는 다행히 출판 당시의 전주 부채의 생산 현황을 기록하고 있다. "접부채는 연평균 이만 자루"를 생산, 96쪽에서는 관광공예품으로서의 부채 개량 방안을 일본의 예를 들어 간략히 제안한다.

　이미 1930년대 전주가 민간인 주도로 조합을 조직하고 근대적 공예품으로 개선하기 위해 노력하여, 한 해 이백오십만 개 이상을 해외로 수출하였다는 기록을 찾을 수 없다. 전주부채에 대한 이야기와 역사는 이렇게 단절되어 있고 곳곳에 흩어져 있다. 다시 말하면 아름다운 문화재로서의 부채는 남아 있으나, 문화로서의 부채를 만나기는 어렵다. 유명하다는 전주부채는 있는데 그에 대한 이야기와 역사적 기록은 단편적이다. 전주의 근대사와도 깊은 관련이 있어 보이는 전주부채에 대한 이야기가 얼마나 많이 숨겨져 있을까?

왕골莞草의 추억[243]

일제강점기 전북은 완초(莞草, 왕골)공예로 유명했다. 왕골은 높이 60~200cm까지 자라는 공예작물이다. 현재는 "왕골하면 강화도의 화문석"이다. 1935년 각도의 수출을 위한 조선 공산품의 주력 상품을 보면, 전북은 완초 제품, 단선, 조선지, 온돌지, 경기는 마포, 충남은 마직물 등이었다.[244] 이듬해 전북도 산업과는 수출과 농촌 부업 개발을 목적으로 완초 세공품을 장려하기 위해 완주와 옥구 양군에 5개년 계획을 세우고 강습회를 시작한다.[245] 그 결과 1937년 완산금융조합과 임피금융조합은 관내에서 생산한 왕골 슬리퍼 1,600족을 미국으로 첫 수출한다.[246]

1938년 3월 대판(오사카)조선물산협회가 전북도 산업장려관에 십만 족의 슬리퍼를 주문한다.[247] 같은 해 4월 전국의 공산품 전시회에서 전주의 완초화(구두)를 선보인다. "아주 첨단적 유행의 양화의 모양으로 되었는데 (뒷굽은 목재이고) 구두창(바닥)은 가죽으로 양화와 같고 거죽은 고은 완초로 만들어서 섬세한 장식까지 한 것이 여름철 귀부녀의 유행화로 효과 백퍼센트의 물건"이라는 호평과 "이 진귀한 신품은 미국 수출품으로 조선 시장에는 공급을 못하게 된다."[248]는 아쉬움을 전하고 있다.

이후 전주의 완초 제품이 다시 부각되는 것은 1962년이다. 전주 고려공예조합 5백 여 명의 조합원이 슬리퍼, 핸드백, 모자 등을 제작하고 있었다. 당시 세평을 보면 "외국 사람의 취미와 유행에 알맞도록 항상 창의를 발휘하고 기술 향상에 힘쓰는"249) 완초 제품에 대한 자부심이 대단하다. 1966년 전국의 완초 재배 면적은 약 1,300정보(12.89㎢), 연간 수확량이 약 52만관(1,950톤)이었다. 주산지는 전주, 대구, 합천 등으로 국내 생산량의 90%를 차지했다. 연간 50여 만 점의 제품이 생산되었고, 주로 미국(50%), 영국, 일본, 이탈리아, 독일, 네덜란드 등으로 수출되었다.250)

현재 전주의 완초 공예품은 어디로 사라지고, 합죽선은 전주 특산의 명품으로 맥을 잇고 있을까? 1966년 전국 각도의 대표적인 공예품에 대한 실태 조사가 있었다. 대량생산으로 사이비 모더니즘이 공예품을 침식하고 있고, 가정 내 부업 수준의 공예품으로 장인의 전통 기법과 창의적 연구는 맥을 잇지 못하고 있다고 비평하고 있다. 오로지 존경할 만한 장인은 전주에서 만났는데, 합죽선을 만드는 노장인老匠人이었다고 덧붙이고 있다.251) 당시 완초 제품은 겨울철 농가의 부업으로 인기가 있었지만, 장인정신이 결여된 저 품질의 제품이 대량생산되었음을 추측할 수 있다.

1972년 국제관광공사가 수출 전략 상품 개발과 관광민예품 육성을 위해 관광민예품 경진대회를 주관한다.252) 1973년 지방 특화산업 융자대상이 48종으로 늘어난다. 전주는 완초공예, 한지, 부채, 석기공예, 솜이불, 양송이 가공업 등이 지정된다.253) 1970년대는 전주 완초 제품이 정점을 이룬 것으로 보인다. 1980년 중소기업진흥공단이 전국에 민예산업단지 18개소를 조성하고 30개 지원 대상 품목을 지정한다. 전주는 한지와 부채가 인천, 여주는 민속 도자기, 경기 강화는 완초 제품 등이 지정된다.254) 국가의 선택과 집중 이후 전주의 완초 공예품은 조용히 사라졌다.

1980년대부터 관광지의 값싼 모조품에게 장인 정신이 깃든 공예품이 밀리기 시작한다.255) 현재는 세계 어느 관광지를 가든 중국산 기념품이 팔리고 있다. 1980년대 후반에는 농가의 부업이던 공예품에 여가 선용이라 수식어가 붙기 시작하며 취미 생활이자, 예술 작품이란 인식이 확산된다. 1999년에는 전주종이축제와 청주국제공예비엔날레가 시작된다. 시간을 거슬러 보면 농가의 부업, 대량생산으로 수출시도, 장인 정신과 전통의 계승, 실용품, 기념품, 명품의 개발, 공예를 주제로 한 축제, 공예 교육 등 공예품에 대한 여러 시선이 존재한다.

일제강점기 농가 부업의 장려를 수탈의 역사로 읽을 수도 있고, 일제강점기를 견뎌내려 한 민중의 가난의 극복으로도 읽을 수 있다. 전주의 장인은 자기 긍정과 자기 부정이 공존하는 이율배반적 시간을 손으로 공예로 견뎌냈다. 오롯이 자신의 시선으로 만들어낸 장인의 작품을 이제 언제든 전주공예품전시관에서 만날 수 있다.

전주청년동맹배달인조합과 노동절[256]

1923년 메이데이

1923년부터 노동절이란 표현이 아닌 '메이데이'라는 말(로동긔념일이라고 쓰기도 했다[257])로 신문지상에 대구[258], 진주[259], 마산[260] 등의 메이데이 기념식 장면이 실려 있다. 기념식과 강연만 인정, 시위 행렬은 금지한다는 기사가 덧붙여 있다. 1925년 4월 30일자 기사를 보면, 전주청년회관에서 5월 1일 오후 8시 반부터 메이데이 기념강연을 한다. 연사에는 "메이데이 의의"에 김균, "메이데이 역사"는 주영섭이 맡는다[261]는 등의 기사를 볼 수 있는데, 기념행사와 강연만 있고, 시위 행렬은 없었다.

일제의 노동조합 탄압

1927년으로 가면 일제가 노동조합을 탄압하는 모습이 보인다. 전주청년동맹배달인조합, 양화직공조합, 철공조합, 인쇄직공조합 등 각 단체가 5월 1일 오전 11시 전주청년동멩회관에서 이평권 씨의 사회 하에 개회를 선언하고 기념행사를 시작한다. "이날 이득산 씨의 기념사와 하준기 씨의 의의, 이봉규 씨의 메이데이 역사로 무사히 식은 마쳤으나, 최후에 이봉규 씨를 검속하여 유치하였다더라262)"는 기사가 이어지는데 계속해서 사람들을 검거하면서, 일제가 노동조합을 탄압하는 모습을 볼 수 있다.

절대 비밀리 취조

1931년 5월 1일 오전 7시로 가보면 전북경찰부 고등과에서 돌연 활동을 개시, 전주고등보통학교생 2명을 검거하고 절대 비밀리에 취조 중, 모 방면에서 들은 바에 의하면 때마침 메이데이임으로 모종의 계획이 미연에 발각된 것이다. 검거된 학생은 권영운, 문은종이다.263) 어떤 모종의 계획이었을까? 메이데이를 적색으로 쓴 전단지가 전주 시내 각 중등학교 교정에 뿌려지는 사건이 있었는데 1932년에도 같은 일이 전주에서 벌어진다.264)

유급휴가 요구하다 전원 해고

1933년으로 가면 부산에서 조선인 노동자와 일본인 노동자 170명이 메이데이 휴일에 급료를 요구하자, 5월 2일 저녁 전기 토공 인부를 전부 해고한다. 숙소에 있던 서준재가 선두에 서서 3일 정오에 부산 공구사무소를 습격, 점거 후 다시 현장 사무소로 나간다. 이 사건으로 약 100명의 경관이 급행되어 노동자 60명을 검거하고 해산한다. "부산경찰서에서는 이 기회에 종래 불온하다고 인정한 분자를 일거에 검거했다265)"는 기사를 볼 수 있다.

해방 후 노동절

1959년으로 가면 "3월 10일 처음으로 맞이하는 노동자들의 명절을 의의 깊게 맞기 위해 당일은 전국적으로 전 노동자들에게 유급 휴일로 정하는 한편, 다채로운 행사를 진행한다"는 기사가 있다. 날짜가 지금하고 다르다. "노동절은 과거 5월 1일이었던 것을 공산국가에서 이 날을 공통적으로 노동절로 정하고 있기 때문에 작년에 우리나라에서 처음으로 3월 10일로 선정했다[266]"라고 그 이유가 덧붙여 있다.

1961년 대구의 노동절 행사를 보면 오전 10시 대구역 광장에서 2만여 명의 노동자가 참석한 가운데 노동절 기념식이 성대히 거행하여 이날 기념식이 끝난 후 11시 반부터 각 직장별로 가장행진에 들어가 이채로웠다[267]고 소식을 전하고 있다. 1962년 1월 29일에는 노동절을 법정 공휴일로 정부에 제정해달라[268]는 요청이 있었다.

노동절은 이념적?

그런데 노동절이 맞는 표현인가, 근로자의 날이 맞는 표현일까? 이게 논쟁이 있었다. 1978년으로 가보면 "내년부터 근로자의 날에 노동절이란 표현을 일체 쓰지 못하게 방침, 정부의 관계자는 노동절이란 사회주의 체제에서 쓰고 있는 이른바 메이데이를 우리말로 직역한 것, 올해까지는 어쩔 수 없이 허용, 내년부터는 일체 허용치 않는다[269]"는 기사가 있다.

그러나 뜻대로 고쳐지지 않는다. 1980년으로 가보면 노동청은 1963년 근로자의 날 제정에 관한 법률에 따라 근로자의 날로 불러야 한다는 데 반해 노조 측은 이 법률의 내용은 이날을 "유급휴일로 정한다는 의미가 있을 뿐 전통에 따라 노동절로 해야 한다면서 단어를 놓고 티격태격하는 모습[270])"을 보인다.

1989년으로 가보면 당시 민정당과 민주당은 법을 개정해서 3월 10일로 되어 있는 근로자의 날을 5월 1일의 노동절로 바꾸기로 했다[271])는 기사가 있다. 많은 논쟁이 있었지만 1991년부터 노동절이 5월 1일로 정착되어가는 모습이 보인다. 1993년 12월 "이르면 내년부터 3월 10일 근로자의 날이 5월 1일을 노동절로 부활한다"는 기사를 보면 날짜를 변경하고 용어도 근로자의 날에서 노동절로 법률이 개정된다고 예고[272])하였으나, 현재 날짜는 바뀌었지만 정식 명칭은 근로자의 날을 그대로 사용하고 있다.

헤이마켓 사건

이념적인 문제 때문에 이런 변화가 있었던 것 같다. 메이데이는 어느 나라에서 시작되었을까? 구 소련 같은 공산권 국가에서 시작되었을 것 같지만 알고 보면 메이데이는 미국에서 시작되었다. 1886년 5월 1일을 기해 8시간 노동제 쟁취를 목표로 전국적 총파업 선언하는데 이날 경찰의 발포로 어린 소녀를 포함 노동자 6명이 사망하는 사건이 미국에서 있었다. 다음날 분노한 노동자 30만 명이 경찰의 만행을 규탄하기 위해 헤이마켓광장에서 집회를 개최하던 도중 누군가 던진 폭탄이 터진다.

이때 경찰이 총을 난사, 집회를 주도한 노동자 8명이 폭동죄로 체포된다. 헤이마켓사건이다. 이 중 4명이 교수형에 처해 지는데, 7년 후에 자본가들이 이 사건을 조작했다는 사실이 밝혀져 미국 국민을 경악케 한다. 이후 1889년부터 이날을 기념하기 위한 운동이 세계 각국에 확산되기 시작하였고, 다음해인 1890년 5월 1일부터 메이데이 행사를 치르기 시작한다.[273]

3월 1일에 졸업식도 못하나[274]

2월에는 학교마다 졸업식이 있다. 1920년대에서 1940년대의 졸업식 분위기, 졸업식 노래, 여성의 사회 진출에 대한 이야기다.

졸업식 분위기

1928년 전남 고흥공립보통학교 제16회 졸업식에서 축사 도중 "장차 사업가도 되고, 사람의 병을 고치는 의사도 되고, 사회의 병도 고치는 사람 되라"고 연설을 하는데, 고등계 형사인 한상근 순사가 "탈선이다, 당장 내리오니라"라고 외쳐 졸업식이 난장판이 된다. 고흥경찰서 서장이 그것이 사실이면 상당한 주의를 주기로 하[275]고 사건은 마무리가 되었다.

1929년 "과민한 당국 3월 1일에 졸업식도 못하나, 전주고등보통학교 졸업식 일자는 매년 지정일자인 3월 1일에 거행하는데, 올해는 3·1운동 10주년이라 하여, 3월 2일에 시행하라는 공문이 학교에 발송[276]"된다.

이에 전주고등보통학교 학생들은 "① 조선역사를 교수케하라 ② 조선어 시간을 연장하라 ③ 교우회 자치권을 달라 ④ 시험제도를 변경하라"며 학교의 자치권을 요구한다.277) 이 사건으로 40여 명의 일경이 출동하여 학생 140여 명이 검거된다.278) 이중 정득량鄭得亮, 김완배金完培, 김남표金南杓, 오치옥吳治玉 등 14명이 6~8개월을 구형 받았고, 2~3년의 집행유예로 풀려난다.279) 검사는 판결에 불복하여 대구복심법원에 공소를 제기하지만280), 1심과 같이 집행유예로 판결되었다.281)

1931년 전주농업학교에서는 졸업식을 마치고 송별회가 있었다. 선생과 생도에게 양해를 구하고 졸업생이 등단, 지난 3년 간의 소회와 총독의 정치에 대해 조선말로 열변을 토하자 경찰 당국에 통고 다섯 학생의 졸업을 취소하고 학교 측에서는 졸업장 역시 도로 받아갔다.282)

졸업생과 입학생의 수

1920년대 초반에는 신문지상에 각 학교 별로 졸업생의 현황이 나온다. 졸업생 수가 한 자리를 넘지 않는다. 1922년 김제공립보통학교 11회 졸업식에는 남학생 4명, 여학생 2명이 졸업을 한다.283) 당시에 전주도 졸업생 수는 한 자리 숫자를 넘지 않는다. 1923년 전주신흥학교 고등과 제9회 졸업식에는 7명이 졸업한다.284)

이러던 것이 1939년에는 "동심을 울리는 우울한 봄소식"이란 신문기사가 있다. "군산소화소학교는 전북도내 학급 수와 생도 수가 제일인데, 이번에 24학급 700명의 신입생을 모집하는데, 모집기한이 10일이나 남았음에도 750명이 지원하여 정원을 초과,

어린 학생들이 입학시험을 준비하고 있다[285])"라는 기사다.

같은 해 전북 이리농림학교의 풍경이다. "입학시험을 보기 위해 전국 각처의 지원자가 여관과 집집마다 초만원인데다, 전 시가는 농림학교 지원 학생들로 물결이 넘쳤는데, 정원 150명에 1,217명이 지원하여 9:1의 경쟁률로 그 수험고가 상당할 것으로 추측하고도 남는 바가 있다[286])"라는 기사다. 배우고자 하는 사람에 비해 학교가 적었던 시절이었다.

졸업식과 사진

지금도 우등생이란 표현을 쓰는지 모르겠다. 1920년대 후반부터 학교별 우등생 3명의 증명사진과 진학 상황이 신문기사에 등장한다. 1929년 전주사립신흥학교 고등과 우등생의 진학 사항을 보면 "이해영 군은 평양숭실전문학교, 나선판 군은 일본 유학, 김국전 군은 취직 소개 중이더라"[287])며, 세 사람의 사진이 함께 실려 있다.

1930년대부터는 유행처럼 각 지역별 유치원 졸업식 사진이 수록되어 있다.[288]) 1934년에는 경성사진 강습원의 제2회 졸업식이 있었[289])는데, "졸업 기념으로 사진을 박자"면 주의할 점이란 기사가 재미있다. 간략히 줄이자면 "사진기를 의식하지 말고 일상과 같이 자연스런 마음과 태도로 포즈를 취해라[290])"라고 쓰여 있다. 1930년대부터 졸업사진이 보편화된 것으로 추측된다.

여성의 사회 진출

당시에는 지금처럼 여성의 사회 진출이 쉽지 않았다. 1936년 3월에 재미있는 기사가 있다. 남조선 지방 유일한 보육학교인 전주 영생보육학교 제5회 졸업식이 남문밖교회 예배당에서 거행된다. 당시 졸업생 10명의 이름과 사진이 수록되었는데, 이미 전국 각처에 취직이 되었다[291]는 기사가 덧붙여 있다. 요즘말로 하면 유치원 선생님을 양성하던 곳이었다. 당시에는 전주, 경성, 평양에만 보육학교가 있었다. 2년 정도 지나면 '남조선 유일'에서 '전주의 유일무이한 보육학교[292]'로 문구가 바뀌는데 그 사이 전국에 보육학교가 늘어난 것이다.

졸업식으로 시대를 읽다

졸업식이란 학생이 사회에 진출하기 위한 전 단계다. 무엇을 배운 것에 대한 졸업식이냐에 따라 그 시대를 읽을 수 있다. 신문지상에 졸업식 소식은 사회면에 나오다가 1937년에는 1면에 나온다. 당시는 일본이 일으킨 대동아전쟁이 시작되는데 1937년에는 일본육군항공기술학교[293], 1938년에는 해군병학교[294], 점차 병과별로 졸업식의 종류가 많아진다. 1939년에는 육군 군의학교[295], 해군 경리학교[296], 기병학교[297], 1940년에는 항공사관학교[298], 해군잠수학교 졸업식[299] 기사가 1면을 장식한다.

전주토박이 이정래(李廷來, 1926년생, 전 전주공업고등학교 교사) 선생님의 증언이다.

"(1942년)졸업식에서는 일본 국가 '기미가요'를 부르지. 교장은 훈시에서 나라에 충성하는 훌륭한 사람이 되라고 했어. 나라라면 일본을 말하는 거지. 졸업식 마지막에는 황국식민의 선서라는 것도 했어."300)

졸업식의 노래

우울한 이런 시대 상황을 우리 선배님들은 호연지기로 잘 극복하셨다. 1946년 문교부에서는 "졸업식의 노래"를 제정한다.301) '빛나는 졸업장을 타신 언니께'로 시작하는 이 노래는 윤석중이 가사(주요작품: 새신, 똑같아요, 나란히, 달 따러 가자, 우산 셋, 기찻길 옆, 집보는 아기)를 쓰고, 정순철이 작곡(주요작품: 짝자꿍)을 했다. 가사 중에 "꽃다발을 한 아름 선사 합니다"라는 가사가 있는데, 이 꽃은 마음의 꽃을 말하는 것이었다. 이후에 졸업식장에 이렇게 많은 꽃다발이 등장할지는 몰랐다302)는 윤석중의 증언이 있다.

구두 광내기와 촌지

전주에서 스승의 날 추진 결의

1964년 4월, 청소년 적십자단 각도 대표가 전주에 모여서 스승의 날 행사를 하자는 의견을 모은다.303) 1964년 5월 26일 "첫 스승의 날, 은사의 공 우러러 가슴에 장미꽃 초중고교적십자단원 18만 7천 명이 은퇴한 스승과 병석에 누워있는 스승을 찾아 위로하고 31일까지 '선생님 고맙습니다'라는 리본을 가슴에 달기"304)로 한다. 5월 26일이면 지금하고 날짜가 다르다. 그 다음해에 1965년 5월 15일로 바뀐다. 이때는 작은 선물에 정성을 담아 가슴마다 카네이션을 달아 주었다. 제2회 스승의 날은 세종대왕의 탄신 기념일을 스승의 날로 정하고 행사하였는데 카네이션과 손수건, 머리빗, 비누 같은 간소한 기념품도 선사했다305)는 기사를 볼 수 있다.

구두 광내기와 촌지

이색적인 행사도 있었다. 선생님 구두 88켤레를 모아 광내기에 진땀을 빼며 선생님의 수고를 멋으로 덜어 드리겠다306)는 학생의 인터뷰가 인상적이다. 1968년 5월 15일로 가면 "스승의 날 부끄럽소"307)란 만평이 신문에 게재된다. 선생이 앞치마를 펼쳐놓고 그 안에 어린 학생이 촌지를 넣는 만화였다. 촌지 문제가 심각했던 모양이다.

격포초등학교 노천강당

물론 미담 기사도 있었다. 1969년 5월 15일 부안군 산내면 격포초등학교 어린이들이 스승이 손수 날라다 쌓아올린 돌담과 돌방석으로 된 노천강당에서 개교 이래 26년 만에 처음으로 가장 아늑하고 감격스러운 스승의 날 행사를 했다. 당시 이 학교 진학률이 20%였고, 전교생 40%가 교과서를 사보지 못할 정도로 가난했다. 그렇기에 강당 건립비를 부담 지울 수 없는 일이었고 결국 채석강 변에 무수히 깔려 있는 돌을 스승과 고사리 손이 손수 날라서 만들었다.

교무실 옆 공터 70평에 높이 2m의 돌담을 성처럼 두르고 땅바닥에 돌을 방석처럼 깐 노천강당이 두 달 만에 완성되었다. 학교 주변에 바람막이숲이 될 포플러 260그루와 노가주나무 1,000그루도 심었다.308)

선물 상납

1971년 6월 2일엔 학생들이 개별적으로 선물을 상납케 하여 경쟁심을 일으키는 일이 없도록 학교당국에서 저소득층 학생들도 부담이 없는 범위의 액수를 정해 단체로 정표를 표하는 제도가 없어 아쉽다309)는 의견도 있었다. 선물을 '상납'한다니, 표현이 조금 세다. 이런 문제 때문인지 1973년 3월 24일 스승의 날과 학생의 날이 폐지되고, 스승의 날은 12월 5일 국민교육헌장선포기념일로 흡수310)된다. 이후 1982년 5월 15일 스승의 날이 폐지된 지 9년 만에 부활하여 옛 스승 찾아뵙기 운동, 불우 은사 돕기, 은사의 밤 개최, 리본달기, 글짓기 등의 행사가 있었다.311)

백화점 매출 늘어

당시에는 선생님에게 어떤 선물을 했을까? 1983년 5월 19일로 가면, 어버이날과 스승의 날 맞아 백화점 매출액이 지난해보다 30~50% 크게 늘어 구정이나 졸업, 입학 시즌 대목보다 선물 수요가 많아졌다. 넥타이, 손수건, 스카프, 양말, 지갑 등 잡화부분 매상은 전해보다 100% 늘었다.312) 60년대 손수건, 머리빗, 비누, 구두 광내기하고는 많이 달라진 모습이다. 1980년대에 들어서 소비수준이 향상된 모습으로도 보인다.

1984년 5월 17일 세종문화회관에서 있었던 장기 근속교원 2,000여 명을 표창하는 행사에서는 참석자 모두가 입장하면서 소지품을 내보이고 검색대를 일일이 통과해야했다. "마치 용의자 취급을 받는 것 같았다313)"는 불만의 목소리가 있었다. 당시 시절이 시절인지라 그랬던 모양이다.

최루탄 교정의 필수품

1984년 5월 15일에 백화점 매상이 30% 늘었다[314]는 기사도 볼 수 있었지만, "5월의 기이한 선물, 스승의 날에 받은 손수건 2장 최루탄 교정의 필수품 될 줄이야[315]"라는 기사도 볼 수 있다. 당시 학생운동을 풍자하고 있다. 1985년 5월 17일에는 서울대 학생들이 카네이션 800여 개를 만들어 교수에게 일일이 전달한다. "어떤 교수는 꽃은 그만두고 데모나 하지 말라고 당부하고, 어떤 교수는 이 시대 교수들이 꽃을 받을 자격이 있냐고 말해 학생들을 숙연케 했다[316]"는 기사가 있다. 카네이션 한 송이로 당시 사회의 단상을 엿볼 수 있다.

1986년 5월 13일, "선생님들 스승의 날 더 괴롭다. 요란한 지시, 획일적 행사에 일거리 늘었다"는 기사가 있다. 스승의 날을 수업 없는 날로 정했는데, 교사들을 위한 것이라기보다 일부 열성 학부모를 초청해 이들에게 보여주기 위한 "외부전시용" 계획도 적지 않다[317]는 비판이 있었다. 1986년에는 교복 착용 결정권을 학교 측에 맡기는 자율화를 실시하였는데 이보다 3년 전에 규격화된 교복착용을 금지하고 자유복을 입히는 교복 자율화 정책이 시행되었다.[318]

선물은 한지로 포장

1989년 5월 22일에는 스승의 날 선물이 꼭 외제여야 하냐며 수입 상품점 고객 줄이어 한심하다[319]는 독자 기고가 있다. 아무래도 학부형 마음에서는 희소성 있는 선물을 주고 싶었을 것이다. 1990년 5월 14일에는 백화점에서 스승의 날을 겨냥한 판촉전이 한창이라며, 스승에게 선물하는 날로 되어 가는 것이 큰 문제320)라는 기사가 있다. 1990년 5월 16일에는 '참교육선생님 힘내세요. 해직 후 처음 맞는 스승의 날 위안행사'321) 소식을 전하고 있다.

1991년 5월 6일에는 스승의 날 선물포장은 한지로 싸면 맵시, 양주처럼 무거운 것은 알루미늄 포장지나 더 무거우면 헝겊을 사용하라322)는 포장 방법에 대한 기사를 소개하고 있다. 1991년 5월 16일 "해직교사 스승의 날 외롭지 않다. 2년 전 옛 제자들 명동성당 농성장 찾아, 떠나신 뒤에야 선생님 뜻 깨달아, 눈물 글썽"323) 이란 기사가 있다. 해직당한 선생님을 찾아간 장면이 슬프다. 이와는 다르지만 1990년부터 교육청에서 옛 스승을 찾아주는 사업이 있었다. 1992년 5월 15일에는 제자를 가장한 술집 여주인이 외상값을 받기 위해 옛 스승 찾기를 이용, 전근 간 선생님들을 찾아가 곳곳에서 촌극을 벌이고 있다324)는 기사를 볼 수 있다.

스승의 날은 휴교

1998년 5월 14일로 가면 일선 학교가 촌지(마음이 담긴 작은 선물을 뜻하는 단어로, 교사들에게 선물로 현금을 주는 것을 에둘러 말하는 것)를 둘러싼 잡음 때문에 스승의 날 행사를 축소하고, 학부모에게 촌지부담이 없도록 강남유치원들이 임시 휴원한다325)는 기사가 있다. 상당히 심각한 사회 문제였다. 당시에 참교육을 위한 전국학부모회가 전국 학부모 595명을 대상으로 설문조사한 결과, 46.2%가 스승의

날 촌지를 주고 있었다. 이와 함께 스승의 날을 학기 중이 아닌 2월로 옮기자는 제안과 운동이 있었다. 이에 학부모 74.7% 찬성하였으며, 아예 없애자는 의견도 11.2%나 됐다.[326]

1999년 5월 14일로 가면 서울, 부산 등 대도시 초등학교가 일제히 스승의 날에 휴교를 결정하게 되며 카네이션 꽃값이 폭락했다[327]는 기사가 있다. 같은 해 7월 10일에는 "전교조 해직교사 전원 복직, 2학기부터 다시 교단에 설 수 있게 된다[328]"는 기사가 있다. 스승의 날 하나만 보아도 시대가 사회가 많이 바뀌었다는 것을 알 수 있다.

스승의 날 선물을 꼭 해야 할까? 마음을 전하는 작은 선물은 선생님들의 노고에 비하면 아무것도 아니란 생각이 든다. 그 작다는 크기의 기준이 사람마다 다르다는 것이 엄연한 문제다.

모악산母岳山인가? 무악산母岳山인가?[329]

무악산의 수난기

전주에 사는 분들이 봄여름 가을 겨울 내내 자주 가는 산이 있다. 모악산이다. 어르신 중에는 모악산의 진짜 이름이 궁금하다는 물음이 있다. "우리는 어렸을 때 무악산이라고 불렀는데, 지금은 다 모악산이라고 한다"는 것이다.

2004년 무악산을 주장하며 책을 한 권 낸 어르신이 있다. 책 이름은 『무악산의 수난기』[330]다. 책 내용을 아주 간단하게 줄이면 "모악산의 원래 이름은 무악산이다"는 것이다. 어떤 게 맞을까? 사전에서는 정식 명칭은 모악산이라고 적고, 다른 이름으로 무악산이라고 표기하고 있다.

책을 읽고 저자인 김병곤 선생님 댁에 전화를 드렸다. 안타깝게 몇 해 전에 돌아가셨다. 1913년생이시고 38년 간 교단에 섰던 선생님이었다. 다섯 권의 시집을 낸 시인이기도 하다. 『무악산의 수난기』라는 책이 2004년에 출간되었으니 아흔 세가 넘어서 책을 내실 정도로 활동적이고 열정적인 분이었던 거 같다.

교가에서는 무악산

책에서 무악산이 옳다는 여러 가지 증거를 제시하고 있다. 두 가지 정도 소개하면, 저자인 김병곤 선생님은 금구초등학교를 졸업하였는데 13세였던 1926년에 교가에서는 모악산이 아니라 무악산이라 가사로 배우고 노래했다. 어느 날부터 사람들이 모악산이라 하더라는 것이다. 또 하나는 『한국사찰의 주련』이란 책에서도 무악산 금산사라고 표기하고 있다는 것을 증거로 내세우고 있다. 책에는 반대 의견도 적혀 있다. 대표적인 게 일제강점기에 금산사에서 만든 『금산사지』라는 책이 있다. 인용하면 "절은 모악산 금산사라고 명칭 한다. 전설에 의하면 산의 상봉에 아이를 안고 있는 엄마 형상의 돌이 있어 모母악이라고 한다지만 이것은 터무니없는 말에 불과하다"라고 쓰여 있다. 비록 『금산사지』에 모악산이라고 쓰여 있지만 이 책에서도 산의 정상에 아이와 어머니 형상의 돌이 있어 모악이라고 부른 건 아니라는 말이다.

점하나 차이

의문이 깊어져 여러 고지도를 찾아보았다. 그 중 시사점을 줄 만한 지도 두 개가 있다. 18세기 중반에 나온 「해동지도」가 있고, 1872년에 나온 「지방지도」가 있다. 둘 다 조선 정부가 만든 관찬지도다. 18세기 이전에는 무악산으로 표기되어 있고 19세기부터 모악산으로 표기되고 있다는 특징이 있다. 아마도 이 사이에 모악산에 대한 스토리텔링이 있지 않았나 생각된다. 한글로도 모와

무가 점하나 차이지만, 한자로도 그렇다. 어미 모母자가 네모 칸에 가로 획을 긋고 위 아래로 점을 찍는데, 없을 무毋자는 네모 칸에 가로 획을 긋고 위 아래로 점을 찍는 게 아니라 세로획을 그어서 어미 모자와 비슷하다. 서울 서대문구에 있는 무악산도 모악산이란 다른 이름, 어머니산이란 이름을 가지고 있다. 아이 낳기를 바라는 바위가 있는데 일명 까진 바위가 있다. 단순한 오기일까? 어떤 이야기가 있어 바뀌었을까? 지도에 무자를 옮겨 적다가 모자가 되었고 이후에 어머니와 아이에 관한 이야기가 발생한 것은 아닐까?

생각과 사상의 해방구

신라시대 국신사國神寺라는 절이 지어지는데 이게 이름이 구순사狗脣寺로 바뀌고 현재는 귀신사歸信寺로 불린다. 불교관련 기록을 보면 국신사는 김제 무악산에 있다고 나온다. 진실은 무엇일까? 신라 때에도 모악과 무악이 동시에 쓰였을 수 있고, 18세기 중반 이후에 무악이 모악으로 바꿨을 가능성도 있다. 맞다 틀리다 보다 왜 이런 다른 설이 생겼는지, 이런 다양성을 수용할 수 있는 포용력이 중요하다. 현대사회는 다원화된 사회고, 나와 다른 것은 틀린 것이 아니다. 또 하나 대부분 기원을 따지는 문제는 진실을 따지는 것이 아니라 권력이 작용을 한다.

모악산에서는 다양한 민중 신앙이 발원했다. 모악산이 이런 다른 이름을 가질 수 있었던 것은 오래전부터 생각과 사상의 해방구였기 때문이 아니었을까? 단적인 예로 정여립에 관한 설화만 해도 전주와 완주 지역이 다르다. 조선시대에는 역적으로 몰았고, 살던 집은 파서 연못을 만들어 버렸다. 정여립에 대한 설화는 악행을 저지른 역적으로 그려지곤 하는데, 금구면과 금산면의 설화에서는 정여립을 문무를 갖춘 영웅으로 그리고 있다. 역사가 지배자의 권력을 기록한다면 반대로 구전은 민중의 역사관을 볼 수 있다.331) 조선시대에 역적을 영웅으로 말한다는 것은 상상할 수도 없다.

모악산이 민중사상의 발원지로 자유로운 생각이 가능한 곳이 아니었을까?

최남선의 훈계

최남선도 모악산에 와서 비슷한 기록을 남긴다. 1925년이니까, 35살이었다. 『심춘순례』란 책인데, 뜻을 풀이하면 봄을 찾는 여행기다.

> "가만히 서서 사방을 둘러보니 전주는 견훤 이래 여러 번 혁명의 본거지이던 곳. 태인만 해도 이인좌의 군대, 박필현의 용사지, 고부는 전봉준 동학당의 책원지, 모악산 신령이 얼마나 많이 반역아 종육에 큰 솜씨를 보여 왔던가?"332)

다시 말해 이런 혁명과 반란이 있었지만, 후손이 대를 잇고 사는 것은 모악산이 이들을 잘 돌봐왔기 때문이란다. 물론 충신도 있었다. 이 모든 게 모악산이 자유로운 사상과 생각을 품을 수 있

었기 때문이 아닐까? 이어서 읽어보면,

> "고구려의 검모잠, 백제의 복신 등이 조국 부흥을 위하여 나아가 싸우던 벌판과 물러나 쉬던 골짜기가 빤히 보이는 저기가 아니면 문득 여기가 아닌가. 또 외세의 침략에 반발하던 힘을 발휘하던 우리 선조의 피와 살이 얼마나 많이 섞이고 스민 땅인가."

최남선은 이어서 훈계를 한다. 지금 너희들은 "옥토에 너무 편안히 사는 것 아니냐?" 당시는 일제강점기였다. 편히 살지 말고 각성하라는 말로 들린다. 그의 후일의 모습을 보면 남을 혼낼 처지가 아니었다. 최남선은 1949년 친일 반민족 행위로 기소되었다가 병보석으로 석방되었다. 최남선의 글에서 천재성을 읽을 수 있지만, 역시 인간은 한치 앞의 자신의 운명을 알 수 없다.

모악산과 김시습

조선시대 김시습도 세조의 왕위찬탈에 화가 나서, 불합리한 세상을 떠나 전라도를 여행한다. 모악산에 오르기도 한다. 그의 "구름이 오고 가도 산은 다투지 않는다"라는 시 구절이 있다. 무슨 뜻일까? "산처럼 듬직하게 싸우지 말자!"는 뜻일까? 아니다. 나는 구름에 불과하다. 큰 산 주위에서 명분을 갖고 치열하게 싸우면서 살라는 말일까?

그렇다. 언제나 대상이 문제가 아니라 시선이 문제다.[333] 산은 무악산이라 하든 모악산이라 하든 그냥 거기에 있다. 뭐라 부르든 상관이 없다. 그것을 보는 사람이 어떻게 보느냐에 따라 평가는 달라진다. 그래서 나와 다른 것은 틀린 것이 아니다. 『무악산의 수난기』을 읽어보면 김병곤 선생님의 생생한 목소리를 들을 수 있다. 자신의 이야기를 가졌기에 그는 여전히 살아있다. 무악산인지 모악산인지는 중요하지 않다. 추억과 이야기를 담아 모악산에 새로운 이름을 지어준다면, 그의 이야기는 노래처럼 변주할 것이다.

태조어진 봉안행차의 진화

조선왕조의 과거와 현재, 전주

1897년 10월 12일. 조선은 나라의 이름을 대한으로 하고 임금을 황제라고 칭한다고 선포한다. 대한제국의 시작을 알리는데, 그때의 그 분위기를 가장 잘 알 수 있는 곳이 전주다. 왜 그런가? 먼저 조선왕조의 본향이 전주이다. 지금은 한옥마을에 승광재가 있다. 고종황제의 연호가 광무光武였는데 승광재는 이 빛을 이어간다는 뜻이다. 또 조금 걸어가면 조선 태조어진을 모신 경기전이 있고 조선왕조의 역사인 실록을 보관한 전주사고가 있다. 즉 조선왕조의 과거와 현재를 전주에 오면 다 볼 수 있다.

이성계의 어진을 모신 사당이 경기전인데 이게 조선시대에 전주에만 있던 것이 아니다. 전국 주요도시에 있었지만, 모두 전란 속에서 불타 사라졌다. 조선왕조실록도 전국에 분산 보관했지만, 임진왜란 때 모두 불타버렸다. 하지만 전주만 지켜낸다. 이미 조선왕조는 역사 속으로 사라져 버렸지만 이것은 전주사람들의 지혜, 용기, 슬기, 의리를 상징하고 있다. 왜냐하면 당시에 무슨 자동차가 있었던 것도 아니고 전쟁 통에 자신의 목숨을 보전하기도 어려운데 이렇게 지켜낸 것은 전주인의 정신과 자긍심을 상징하기 때문이다.

태조어진 봉안행차

전주에서는 매년 태조어진 봉안행차를 재현하고 있다. 어진은 왕의 초상화이며 봉안행차는 이 어진을 경기전에 모시는 행렬을 말한다. 조선시대에는 당연히 수도인 한양에서 출발했지만 재현행사에서는 전주시청 앞 노송광장에서 출발을 한다. 조선시대 문관과 무관, 취타대, 의장과 기물들이 화려하고 장엄하게 행차한다. 1999년에 경기전에 모셔진 태조어진을 권오창 화백이 새로 모사를 하면서 경기전에 봉안하는 행렬을 재현했고, 2008년에는 보관 관리 문제 때문에 서울 국립중앙박물관에 잠시 모셔져 있던 어진을 다시 경기전에 봉안했다. 2010년에는 태조어진 전주봉안 600주년을 기념하기 위한 행사가 있었다. 또 2012년에는 국보승격을 기념하기 위한 행사, 2013년부터는 철저한 고증을 바탕으로 전주만의 문화관광자원을 개발한다는 목표로 재현행사가 있었다.

너무 느린 대취타

태조어진 봉안행차에 사용하는 음악은 「무령지곡」으로 「대취타」라고도 한다. 대취타는 행진곡풍의 군례악으로 중요무형문화재 제46호로 지정이 되어있다. 취타는 관악기와 타악기 연주를 말하는데 대취타는 임금이 의장의 행렬과 함께 거동 할 때, 임금이 친히 능에 행차할 때, 임금이 탄 수레가 대궐 밖으로 나갈 때 사용이 되었다. 또는 군대의 행진이나 개선, 통신사의 행렬 때, 검기무·선유락·항장무 같은 궁중무용인 정재呈才에 사용이 되었다. 그런데 「무령지곡」은 행렬 전체가 발을 맞추기에는 너무 느리고 대취타 연주를 연주할 수 있는 취타대가 거의 없다. 현재는 아리랑과 같은 민요로 행진 음악을 대신하기도 한다. 또한, 시민의 자발적인 성격의 취타대 모임이 전주에 필요하다는 제안도 있었다. 수원과 여수에 있는 고등학교에서는 서양식 관악부 대신 학생들이 연주하는 취타대를 운영하고 있다.

원형재현의 딜레마

이렇듯 원형의 재현은 딜레마를 안고 있지만, 핵심을 간파하면 쉬운 문제다. 원형 재현은 수단에 불과하다. 핵심은 앞에서 말한 것처럼 전주인의 지혜, 용기, 슬기, 의리를 어떻게 잘 연출하고 표현하느냐가 더 중요하다. 이런 측면에서 누구나 함께할 수 있는 민요를 활용하는 것도 좋은 방법이다. 조선시대에도 민요나 고려가요의 선율을 차용해서 궁중음악을 만들기도 했다. 대표적인 것이 「수제천」인데, 다른 이름은 「정읍」이다. 아마 조선왕조가 현재도 지속이 되었다면 이런 문제가 나오지도 않았을 것이다. 예산 상황에 맞춰 규모를 줄이기도 하고, 늘리기도 하고, 의상이나 의장들도 현대적으로 바뀌었을 것이다. 아무리 철저한 고증이 있어도 완벽한 재현을 한다는 것은 불가능하다. 고증은 한계가 있다. 아무리 기록을 꼼꼼하게 남겨놓았다고 해도 당시에는 너무 당연해서 기록하지 않은 암묵지가 있다. 고증이란 것은 "탁자 위에 빨간 사과"다. 탁자가 네모인지, 동그란지, 사과가 가운데 있는지 탁자 끝에 있는지는 상상력이 필요한 작업이다. 왜 사과가 탁자 위에 놓여 있는지 의미를 찾는 게 더 중요하고 이런 의미를 잘 보여주기 위해서는 적극적인 해석과 상상력이 덧붙여져야 한다.

  2016년 10월 태조어진 봉안행차를 위해 전주에서 상시적으로 활동할 수 있는 취타대의 첫 발대식이 있었다. 전주 금암복지관의 어르신들이 그 주인공인데, 청춘취타대란 이름으로 전국으로 공연을 다니며 인기를 누리고 있다. 취타대란 희소성에 교육을 통한 전문성을 확보한 결과다. 태조어진이란 문화유산이 어르신의 일자리 창출로 이어지고 있다.

전주문화특별시[334]

문화재 특별시

1991년 정부가 익산, 부여, 공주, 경주, 김해 등 5개 고도지역을 문화특별시로 지정하려고 했지만, 지역 주민들이 사유재산 보호가 선행되어야 한다는 민감한 반응을 보인다.[335] 1997년 이후 다시 경주를 중심으로 문화특별시 지정 운동이 펼쳐진다. 이들 경주 지역 제 학자의 논지는 거의 같다. 경주는 고도 위에 세워진 도시로 문화재의 보존과 관광개발이라는 상충되는 지점에서 사유재산의 피해가 발생하고 이도저도 못하니 서울과 제주도와 같이 특례법을 두어 경주를 문화특별시로 지정해야 한다[336]는 주장이었다.

1998년 나온 「경주의 문화재 피해 실태보고서」를 보면 65건의 경주 지역 대형 공사 중 12건만 학술조사 성격의 문화재 발굴을 벌였고, 나머지는 사전 지표조사조차 하지 않고 공사를 강행해 건설 공사 중 유물이 출토되어 80~90%는 문화재가 훼손되었다. 1996년 이후부터는 문화재 출토 신고마저 없다고 보고[337]하고 있다. 당시 「문화재보호법」 44조에는 "발굴에 소요되는 경비는 그

공사의 시행자가 부담한다"라고 되어 있다. 발굴 지연에 대한 공사 지체와 발굴에 소요되는 경비를 국가 또는 지방자치단체가 부담하는 쪽으로 하는 법 개정과 경주를 문화특별시로 승격하는 문화재 보존을 위한 특별법338)을 만드는 일이 시급하다는 주장이 있었다.

법학자인 김영삼(1998)은 문화특별시를 "역사상·학술상 가치를 지닌 세계적 문화유산을 보존·보호하며 창조적으로 계승·발전시키고, 자연경관을 유지·개발하면서 자연 및 자원을 보호하며, 농업·임업·축산업 기타의 산업을 보호·육성함과 동시에 쾌적한 생활환경 및 관광여건을 조성하기 위한 특별한 지위·조직 및 운영에 관한 특례가 적용된 시"라고 정의하고 있다.

경주 지역의 논의는 문화특별시 보다는 문화재특별시에 가깝다는 생각이 드는데 보존과 개발의 갈등 사이에서 시민의 사유재산 보호라는 측면의 법 제정 요구339)였다. 2004년 고도 보존법(현 「고도 보존 및 육성에 관한 특별법」)이 제정되면서 경주를 문화특별시로 승격하자는 목소리는 거의 사라졌다.

특별한 문화도시

문화재의 보존과 개발이란 문제에서 시작된 문화특별시란 용어는 이후 다른 뜻으로 사용된다. 2004년 제천시에서는 '제천 문화특별시 건설을 위한 초석 마련 방안'이 발표340)되지만 정책으로 반영된 것 같지는 않다. 2007년 광주시는 '문화특별자치시' 지정을 위해 국회에 관련 법령을 발의341)하기도 했으며, 2012년에는 시민단체가 대선공약으로 제안342)하기도 했다.

본격적인 문화특별시 선언은 2010년 부천시에서 시작되는데 영화 · 음악 · 만화 등 문화콘텐츠를 육성하고 연간 90억 원의 예산낭비성 행사인 무형문화엑스포를 폐지해 문화특별시를 만들겠다343)는 의지를 보인다. 문화산업특별시에 가까워 보인다. 이후 부천시의 문화행사에는 '문화특별시 부천'이라는 수식어가 붙어 있다.

2012년에는 대전시에서도 각종 공연 · 전시 · 행사에 문화특별시라는 수식어를 사용344)하기 시작했다. 2014년 부천시는 "높은 수준의 엘리트 예술 역량을 시민들의 일상으로 확대하기 위해 시민의 3분의 1을 생활예술 동호인"으로 육성하는 것을 문화특별시를 이루기 위한 복안으로 내놓기도 했다.

같은 해 익산시는 역사문화특별시를 추진해 역사 · 문화적 가치를 구체화 한다는 방안345)을, 세종특별자치시는 대한민국 10대 문화도시를 넘어 문화특별시를 만들기 위해 문화오아시스 작은 도서관 지원 확대와 공공문화재단 설립 등을 발표346)한다. 2015년 전주시는 전주정신을 집대성하는 전주기록원의 설치, 세계 문화도시 교류 등의 문화특별시 추진347)을, 군산시는 근대문화특별시 조성 프로젝트348)라는 비전을 발표한다.

모두 다 제 각각 개별성을 가진 문화도시를 만들겠다는 방안인데, 행정 · 법률용어인 특별시라는 뜻보다는 '특별한 문화도시'를 건설하겠다는 수사적 의미로 해석된다. 특별시라는 단어를 사용해 문화수도라는 선언적 · 상징적 의미를 더했다.

유럽문화수도

유럽에도 문화특별시가 있다. 유럽문화수도(European Capitals of Culture: ECOC) 프로그램의 기원이 된 유럽문화도시 프로젝트는 그리스 문화장관인 멜리나 메르꾸리(Melina Mercouri)가 1985년 그리스 델피에서 '유럽연합에 관한 선언(Solemn Declaration of European Union)'의 실천 방안의 하나로 제안하면서 시작됐다. 이후 매년 문화수도가 바뀌면서 프로그램이 진행되었다. 문화를 활용해 도시공간과 지역주민의 삶, 지역경제를 활성화하려는 전략으로 긍정적인 평가를 받았지만 반면에 예산부족, 불명확한 목표, 문화수도 개념의 모호성과 선정 논란, 성과평가 시스템의 부재 등의 문제점을 보이기도 했다.349)

전주문화특별시

유럽만 문화수도를 할 수 있는 것은 아니다. 이미 다문화사회로 접어든 우리나라에서 아시아 각국과 연계해 문화수도를 매년 지정하는 프로그램을 전주에서도 주창할 수 있다. 2015년 전주시는 전주정신을 집대성하고 전주기록원을 설치하는 문화특별시 추진을 발표했다. 전주는 완판본과 조선왕조실록으로 대표할 수 있는 기록문화의 도시다.

2007년 일이었다. 태조어진이 서울에 모셔져 있을 때인데, 전주문화재단에서 환안 추진위원회의 출범350)을 위해 각계 원로와 제 학자가 모인 자리였다. 이때 한 원로께서 태조어진 환안뿐만 아니라 조선왕조실록도 찾아와야 한다고 말씀하자, 한 역사학자가 요구 점을 선택과 집중을 해서 태조어진으로 한정하고 실록을 되찾는 것은 불가능하다고 발언했다. 설득력 있는 의견이었다. 그러자 원로는 이렇게 말했다. 우리가 경기전에서 중앙초등학교를 옮긴다고 했을 때 세상 사람들이 모두 불가능하다고 말했다. "불가능한 것은 없습니다." 빛나는 지혜와 의지를 발견한 순간이었다.

완판본의 유네스코 세계기록유산 등재와 조선왕조실록을 전주 사고로 다시 찾아오는 일은 전주문화특별시에 살아가야 할 사람의 과제다.

| 2장 |

전주·안동의 역사문화자원을 활용한 문화콘텐츠

전주·안동의 역사문화자원을
활용한 문화콘텐츠[351]

1. 전통문화의 재 개념화

　흔히 전통문화를 어느 특정시기의 문화적 원형으로 상정하고 그것의 재현이 전통문화의 계승이라고 생각한다. 이것도 한 방법이겠으나, 숭례문 복원에서 들어났듯이 전통의 원형 복원이란 말은 환상에 불과하다. 법고法古가 반드시 창신創新으로 이어지는 것은 아니며, 그 한계를 분명히 내포한다는 점에서 어느 특정 시대의 원형복원이 전통문화의 실현이라는 사고를 극복해야 한다. 그렇다면 안동과 전주가 문화융합적 벨트를 구축할 수 있는 전통문화는 무엇이며, 무엇을 실현할 것인가라는 문제제기를 할 수 있다.
　안동은 종가문화를 통해 들어나는 양반문화가 있지만, 한국가톨릭농민회가 시작된 곳이라는 역동적인 문화적 공존과 전주는 경기전과 향교를 중심으로 한 선비문화와 반면에 전동성당과 서문교회로 상징되는 공간적인 역동성과 공존의 문화를 가지고 있다. 탈춤과 판소리 역시 양반문화와 대비되는 이서吏胥의 문화라는 점에서 역동성과 공존의 문화를 엿 볼 수 있다. 전주성 내외에는 읍치邑治의 이서吏胥들이 거주했고, 조선사회 양반들의 퇴촌退村 현상과 달리 전주한옥마을은 1930년대 자녀들의 신식교육을 위해 전북 도내 중소지주와 선비들이 이주하면서, 역동적인 공존문화를 싹틔웠다.

전통적인 조선의 신분사회는 사농공상士農工商으로 이루어져 있으며, 전통사회를 산 것은 선비만 있었던 것이 아니다. 각자의 신분질서 속에서 전통과 문화를 이루며 살았다. 여기에 일제강점기를 지나면서 전통사회는 자기부정과 자기긍정을 통해 변증법적 변화를 겪었고, 현재의 한국사회를 이룩했다. 현재 우리가 창신創新해야 할 문화적 사명은 어느 특정 신분 또는 문화의 법고法古에 있지 않다. 법고法古와 창신創新 과정에서 일어난 변증법적 변환의 맥락을 전통문화라고 개념화하고, 그 안에서 청년선비문화콘텐츠를 구체화할 것이다.

2. 안동과 전주의 문화문법

1) 한국의 전통문화문법

강신표는 "타자와 자기는 '홀로와 더불어' 속에서 '사람들의 숲'을 이루고 산다. 더불어 사는 사람들 사이에는 어떤 질서를 요구한다. 그 질서를 문화인류학을 전공한 나는 문화문법이라고 규정하고, 우리 사회는 '대대對待문화문법'이 지배한다"고 말한다. 대대對待문화문법은 음양의 이분법적 구조(Binary set)가 상보적 음양 관계를 통해 변증법적 호혜관계(Dialectical reciprocity)로 발전하는 과정을 말하는 것으로 이 기본구조의 바탕 위에 '집단성', '급수성', '연극·의례성'이라는 표층구조로 구성되어 있다고 말한다.(강신표, 2008)

대대對待문화문법을 환두와 도드리라는 우리 전통음악형식과 독주(변주)와 합주 속에서 변증법적 의미구조를 낳는 민요 「아리랑」에서도 찾을 수 있다. 메기는 부분에서 자유롭게 가사가 변주하지만, 제창하는 후렴은 그 가사가 같다. 이 형식을 기호화 하면 "A · X = B · X = C · X = …"로 진행하며, 이 이분법적 구조는 나의 노래가 우리의 이야기로 확장(김창주, 2003: 69-71)되는 변증법적 구조를 가지고 있다. 왜냐하면, 메기는 부분의 가사가 노래하는 공동체의 정서에 반하는 내용일 때, 구성원의 동의라고 할 수 있는 제창을 부르지 않을 수 있기 때문이다.

이 연주의 과정에서 강신표가 말하는 집단성과 급수성을 찾을 수 있으며, 노래를 통해 의미를 완성한다는 점에서 연극·의례성 역시 볼 수 있다. 노래라는 예술적 표현 수단으로 타자에게 통찰을 준다는 점에서 그렇다. 더 나아가 이와 같은 형식에서 현재를 노래할 수 있을 때 전통문화가 갖는 의미를 획득할 수 있다. 예를 들어 20세기 초 녹음된 「아리랑」을 그대로 다시 부르는 것은 화석의 재현에 지나지 않는다. 안동과 전주 역시 전통이 갖는 문법 안에서 현재를 노래하는 변증법적 변환의 맥락에서 전통문화융합벨트의 답을 찾으려 한다.

2) 안동과 전주의 전통문화문법

전통문화는 과거에 한정된 것이 아니라, 과거와 현재의 변증법적 변환의 맥락 찾아야 한다고 앞서 논의하였다. 이것은 과거의 어느 특정 시대의 원형복원이 전통문화의 실현이라는 사고를 극복하기 위한 것이다. 안동에서 전해져 오는 「불효자의 아들」이야기는 안동과 전주의 전통문화문법을 설명할 수 있는 사례다.

> 서파西坡는 아들인 동산東山 유인식柳寅植이 서양식 교육기관인 협동協東학교 교장을 지내며 상투를 자르고 하이칼라 머리를 한 것에 격노하여 부자의절義絶을 선언했다. 그렇지만 손자(동산의 아들)가 양복을 입고 협동학교에 다니는 것에 귀여워했다. 주위 사람들이 그 까닭을 물으니, "이놈의 애비가 내 말을 안 들으니 불효막심하지만 이놈은 제 애비 말을 들으니 이 또한 효자 아닌가."(김원길, 2002: 126)

이 이야기에는 세 명의 인물이 등장한다. 할아버지 서파西坡는 성리학자이며, 아들 동산東山[352)은 신문물을 받아들인 신식학교의 교장이고, 손자는 그 학교를 다니는 학생이다. 할아버지는 이 이야기에서 자기긍정과 자기부정을 동시에 보이고 있다. 성리학자인 자신을 긍정하였기에 신문물을 받아들인 아들을 부정하였지만, 동시에 자신을 부정하였기에 손자를 사랑할 수 있었다. 할아버지가 손자를 효자라고 했듯이, 할아버지의 사랑을 받은 손자는 유교적 가르침과 신식교육의 가르침을 동시에 갖출 수 있는 변증법적 변환(호혜관계)이 발생한다.

기 호	삼대의 변증법적 변환		
H=human A=유 학 B=신식교육	祖父(+) H(A) 선비′	父(−) : H(B) : 선비″	子(±) = H(A · B) = 선비‴

　여기에서 등장하는 세 인물 중 단 한 사람이라도 빠진다면 이 이야기는 의미를 가질 수 없다. 예를 들어 이야기 안에서 할아버지가 존재하지 않는다면, 신식교육이 갖는 긍정적 또는 부정적 의미는 상실된다. 마찬가지로 하이칼라를 한 아들이 존재하기에 유학자인 조부가 긍정적 또는 부정적 의미를 갖출 수 있다. 또한 변증법적 변환의 결과인 손자가 존재하지 않는다면, 대립과 갈등만이 존재할 뿐 어떤 의미를 획득할 수 없다. 즉 어느 특정 세대가 아니라, 삼대에 걸친 총체적 변환의 과정을 전통문화로 보아야한다는 말이다.

　「불효자의 아들」이야기에서 상반되는 문화가 대립하는 역동성과 그것이 공존하는 과정을 볼 수 있다. 이 안동의 해학적 이야기를 접하고 함께 웃기 위해서는 같은 문화의 공유 안에서 집단성과 급수성의 특징을 갖추고 있어야 하며, 연극적 말하기로 웃음을 선사한다는 면에서 연극·의례적 특성[353]도 읽을 수 있다. 또한 조부와 아버지의 능력이 수학식처럼 곧바로 손자에게 들어나는 것은 아니기에 이 이야기는 전통문화를 삼대에 걸쳐 압축적으로 설명하고 있는 사례로 삼은 우화[354]라는 점을 기억해야한다.

20세기 초 계화도에 은둔한 유학자 간재艮齋 전우(田愚: 1841~1922)와 그 대표적인 제자인 삼재(三齋: 금재 최병심, 고재 이병은, 유재 송기면) 이야기에서도 앞서와 같은 구조를 찾을 수 있다. 간재는 "단발령은 죽더라도 따를 수 없음을 지적하며, 섬에 있는 것을 참지 못하고 육지에 나갔다가 삭발을 당하면 마땅히 죽어야 한다는 의리를 제시하기도 하였다. 또한 머리를 깎고 양복을 입은 자는 족보에서 빼내야한다는 강경한 자세를 취하기도 하였으며, 단발을 한 제자들은 문인록에서 삭제"(이천승, 2008: 50)하기도 하였다.

　삼재는 간재의 학문을 실천했지만, 스승 간재와 달리 은둔하지 않았으며, 전주한옥마을에 나와 살았다. 이것은 조선시대 선비들이 읍치에 살지 않고 퇴촌한 현상과는 상반된 모습이다. 이들의 자손들이 유학적 가르침과 동시에 신식교육을 받았음을 쉽게 짐작할 수 있다.355) 1997년 발행된 『전주시사』의 인물열전에는 고재와 유재는 기록되어 있지 않다. 간재에서 삼재로 이어주는 학맥은 최근에 '전주한옥마을 선비문화'로 재구성되었는데, 이들의 자손들이 앞서의 전통문화문법의 변증법적 변환을 거쳐 번성하였기에 의미를 획득한 것으로 해석할 수 있다.

　안동과 전주의 사례를 보면 대상을 지칭하는 언어는 같지만, 시간 속에서 대상의 개념은 변화한다. 예를 들어 祖父 : 父 : 子로 이어지는 선비문화가 존재한다고 할 때 각 세대를 선비라고 할 수 있지만, 선비의 개념상의 의미는 달라지며, 변증법적 변환양상을 지니고 있다. 전통문화는 특정 시기의 대상과 그 개념을 말하는 것이 아니라, 그것의 변증법적 변환과정이 총체적으로 지향하는 바를 밝혀내는 것으로, 전통문화는 변증법적 변환과정에서 완성되며, 그 맥락 속에서 파악되어야 한다.

3) 역동적인 공존의 문화

역동성을 가진 공존의 문화는 양면적·다면적 문화를 포용하는 특성을 가지고 있다. 『안동의 해학』에서 숙맥처럼 보이는 외내할배의 인간존중과 관계 지향은 무섬할배의 신기독(愼其獨: 홀로 있을 때일수록 행동거지를 바르게 하라), 독락(獨樂: 혼자서 즐길 줄 알아야 한다)과 동전의 양면처럼 다른 것 같지만, 공동체의 관계 지향과 신기독愼其獨, 동락獨樂은 상보적 관계다. 「김세차 축문」에서는 제례를 틀리게 하지 말라는 경계와 지나친 형식주의에 대한 비판이 역동적으로 담겨(김원길, 2002: 37-38) 있지만, 대립하지 않고 웃음을 낳으며 공존하고 있다.

탈춤과 판소리는 읍치의 제의를 주관한 이서吏胥들에 의해 발전하였다. 이서吏胥들은 신분 계층 간의 중재와 타협이라는 역할을 수행(이훈상, 2008: 68)했는데, 이러한 역동적인 공존의 문화는 탈춤과 판소리에 녹아 표현되고 있다. 이러한 모습은 종교와 사상에서도 찾을 수 있다. 전주는 조선의 태조어진을 모신 사당인 경기전, 유교의 성현을 모신 향교, 정여립의 대동사상, 순교자의 피로 쌓아올린 전동성당, 동학의 김개남과 초록바위와 신흥종교 등이 공간과 시간 속에서 역동적으로 공존하고 있는데, 이 모습은 안동에서도 찾을 수 있다.

> 예로부터 학덕 있고 훌륭한 선비의 고장인 안동은 (중략) 기독교인이 가
> 장 많은 종교도시로, 안동에 기독교가 예로부터 뿌리를 내리고, 널리 선교
> 의 가지를 뻗을 수 있었음은 (중략) 민속놀이를 통한 친목 또한 무시할 수
> 없는 결속의 힘이었다 할 수 있어요. 이런 의미에서 (안동)식혜의 공로와
> 이것을 만드는 여인의 따뜻한 사랑의 손길을 높이 사야할 것이라 생각해
> 요.(새가정, 1980: 100-101)

안동은 선비의 고장이면서 기독교인이 많은 종교도시로 정의 하며, 이것이 동시에 가능했던 이유가 민속놀이와 안동식혜를 통해 볼 수 있는 음식의 나눔, 여인의 사랑의 손길이 있었기 때문이라고 해석하고 있다. 이러한 특징은 기독교가 유입되기 이전의 풍경에서도 찾을 수 있다. 그 대표적인 예로 안동 하회마을의 민속놀이인 하회별신굿을 들 수 있다.

> 하회마을은 처음 정착한 하 씨 때부터 성황신을 받드는 (중략) 삼신당이
> 있었다. (중략) 별신굿은 무당이 주관하는 무속의 일종인데, 양반이나 선비
> 들은 원래 무속을 배척해 왔기 때문에 풍산 유 씨들은 별신굿에 관심이
> 없었을 뿐 아니라, (중략) 주관자를 산장山長이라고 하는데 지금까지 풍산
> 유 씨들은 맡지 않고 있다. 하회마을에 사는 서민들은 양반으로부터 소외
> 당한 한을 별신굿을 통해 토로해 왔다.(서수용, 1999: 308-309)

위의 인용문에서 풍산 유씨豊山柳氏는 서애西厓 유성룡(柳成龍, 1542~1607)의 가문을 말한다. 하회마을을 구성하고 있는 이들 유학자들은 미신적인 행위를 기피했지만, 양민들의 연행을 금지하지 않았다는 것을 알 수 있다. 또한 이 민속놀이의 연행 과정이 당시 신

분사회를 다면적으로 담고 있다는 점 역시 알 수 있다. 서수용은 "하회마을 민속놀이의 특징은 계급이나 계층 간의 조화로움에 있다"고 말한다.(1999: 308)

이것은 안동과 전주의 음식문화를 통해서도 살펴 볼 수 있다. 1970년대 초 안동 구시장에서 튀김통닭을 팔던 상인들이 개발한 음식이 안동찜닭이다.(배영동, 2004) 헛제사밥은 제사를 지내고 먹는 음복 비빔밥을 흉내 내서 메뉴로 개발한 음식이다. 1970년대 중반까지도 기제사를 모신 다음 음복으로 비빔밥을 먹을 때 조선간장으로 간을 하는 가정이 많았다. 점차 고추장이 대중화되면서 음복 비빔밥에도 고추장이 들어가지 시작했다.(주영하, 2013) 전주의 비빔밥과 콩나물국밥 역시 자기부정과 자기긍정의 연속 안에서 진화와 발전을 거듭하였다.

즉 안동과 전주가 과거와 현재의 모습을 동시에 유지할 수 있는 것은 역동적인 공존의 문화가 있었기 때문에 가능했고, 좀 더 확장하면 여성적 리더십이 있었기에 가능하지 않았을까? 당파싸움, 좌우 이데올로기 전쟁과 같은 극적대립 속에서 새로운 생명을 잉태하고 양육한 것은 여성이다. 대립의 역동성을 공존의 문화로 변환할 수 있는 동력(여성적 리더십)을 나눔을 전제로 한 축제 또는 종교적 제의에서 발견할 수 있다. 음식을 나누며 조상을 섬기는 명절인 한가위는 대립을 공존으로 변환하는 하나의 사례다.

> 추석이 다가왔다. 놀랍게도 마을은 언제 (한국)전쟁을 겪었나 싶게 축제 분위기에 휩싸였다. (중략) 이것은 마치 수천 년 동안 수많은 권력자들의 부침 속에서도 생존을 영위해온 민중이 끈질긴 생명력으로 펼치는 강력한

시위와도 같았다.(라종일: 2010)

라종일은 참혹한 한국전쟁 중에 있었던 추석 풍경이 축제이자, 권력자를 향한 시위와도 같았다고 묘사했다. 한가위와 같은 전통명절(축제)은 한국의 다문화 사회가 역동적인 공존의 문화를 싹틔울 수 있는 해법을 제시하고 있다.

우리의 한가위, 중국의 중추절, 일본의 츠키미[月見]는 문화적 유사성을 보인다. 우리의 송편, 중국의 월병, 일본의 츠키미 도둑 풍습에서 볼 수 있듯이 음식을 나눈다는 점과 강강술래와 같은 원무의 주체가 여성이라는 점 등은 유사점이며, 삼국 중 한국이 유일하게 조상에게 차례를 지내는 점은 차이점이다. 임마누엘 페스트라이쉬는 추석의 본질은 "선조를 존경하는 명절"이라며, 한가위와 같은 전통문화를 확대하고 재해석해 다문화 사회의 기초를 구축하고, "추석을 세계화"하자고 제안하였다.(2013: 95-99)

3. 청년선비문화의 개념과 문화자원

1) 청년선비문화

청년선비문화는 앞서 논의한 안동과 전주의 전통문화문법의 변증법적 변환과 역동적인 공존의 문화를 개념화한 것이다. 청년선비문화의 지향점은 다음과 같다. 동서광역권 청년선비문화의 실현을 통해 동서의 화합과 나아가 다원문화를 수용하여, 세계의 종교와 사상, 문화를 통섭하는 세계관으로 확장하고 다문화의 공존과 번영을 선도하는 인종을 초월한 세계 청년선비문화의 실현을 목적으로 한다.

Binary set	正 : 反 Dialectical reciprocity	목적
안동 · 전주 =	⎡ 過去 : 現在 ⎤ ⎢ 선비 : 吏胥 ⎥ = 청년선비문화 ⎣ 大同 : 獨樂 ⎦	○ 동서의 화합과 다원문화의 통섭 ○ 다문화의 공존과 번영 ○ 인종을 초월한 청년선비문화 실현

2) 청년선비문화의 문화자원

안동과 전주의 문화자원을 크게 음식, 풍류, 기록, 인간, 축제로 나누었다. 이 5개의 명시구조 아래로 각각의 표층구조를 세분화하였다. 음식에는 간장, 종가음식, 향토음식, 전통요리서, 풍류에는 풍류방, 탈춤, 판소리, 뱃놀이, 기록에는 문인화, 서예, 민화, 완판본, 인간에는 사림, 장계향, 허산옥, 이보한, 축제에는 관례冠禮, 한가위 등으로 분류하였다. 이 분류는 성질에 따라 교집합 또는 여집합 관계를 보이는 한계를 가지고 있으며, 사업의 구체화와 실행과정에서 가감될 수 있을 것이다.

이러한 분류를 통해 화합, 통섭, 공존을 압축적으로 상징할 수 있는 청년선비문화를 도출하였으며, 이 심층구조를 실현할 수 있는 Edutainment型 문화콘텐츠를 구체화하였다. 이것은 다시 크게 청년선비학당과 청년선비축제로 나눠지며, 각각의 하위사업을 구성하고 있다. 청년선비학당은 크게 청년선비교육프로그램과 다문화리더십(정치)학당으로, 청년선비축제는 성인식, 다문화한가위 축제, 다문화종교축제로 나눠 사업을 구체화하였다.

안동·전주 역사문화자원				
음 식	풍 류	기 록	인 간	축 제
간 장 종가음식 향토음식 전통요리서	풍류방 탈 춤 판소리 뱃놀이	문인화 서 예 민 화 완판본	사림(士林) 장계향 허산옥 이보한	관 례 (冠禮) 한가위

↓

청년선비문화

↓

Edutainment型 문화콘텐츠

↓

청년선비학당			청년선비축제
청년선비교육프로그램		다문화 리더십 (정치)학당	성인식 · 다문화 한가위축제 · 다문화 종교축제
선비자격시험			
다문화 음식학당	풍류학당		
	콘서바토리 서화학당 다문화유머학당		

※ 각 단위별 구체적인 사업기획은 지면 사정으로 생략하였다.

【참고 문헌】

강신표, 2008, "전통문화문법과 선비예술론: 천지인으로 푼다." 『전주한옥마을의 재발견 학술심포지엄 자료집』, 전북대 고고문화인류학과 BK21사업단 · 전북대 박물관, 1-15쪽

강신표 외, 2008, "강암 송성용", 『한옥마을 선비와 선비문화』, 전북대 고고문화인류학과 BK21사업단 · 전북대 박물관, 93-127쪽

김원길, 2002, 『안동의 해학』, 서울: 현암사

김창주, 2003, "아리랑 기원의 諸說에 대한 검토", 『대동사학』 2: 53-82쪽

라종일, 2010, 『낙동강, 파주』: 형설라이프

박걸순, 2009, 『시대의 선각자 혁신 유림 류인식』, 파주: 지식산업사

배영동, 2004, "안동 지역 전통 음식의 탈맥락화와 상품화", 『사회와 역사』 66: 35-65쪽

서수용, 1999, 『안동 하회마을을 찾아서』, 서울: 민음사

이천승, 2008, "간재 전우와 그 문인들의 문화자존의식: 전주한옥마을 '삼재'를 중심으로", 『전주한옥마을의 재발견 학술심포지엄 자료집』, 전북대 고고문화인류학과 BK21사업단 · 전북대 박물관, 47-62쪽

이훈상, 2008, "죽은 과거에서 살아있는 과거로- '전주한옥마을의 재발견' 심포지엄에 대한 총평-", 『전주한옥마을의 재발견 학술심포지엄 자료집』, 전북대 고고문화인류학과 BK21사업단 · 전북대 박물관, 66-72쪽

전주문화원. 1997, 『전주시사』, 전주: 전주시. 583-585쪽

주영하, 2013, 『식탁 위의 한국사』, 서울: Humanist

편집부, 1980, [우리집 특별 음식] 신복자 여사의 솜씨 - 안동 식혜. 『새가정』, 100-101쪽

Pastreich E., 2013, 『한국인만 모르는 다른 대한민국』, 파주: 21세기사

| 3장 |

지역 역사문화자원의 응용과 과제

지역 역사문화자원의 응용과 과제[356]

1. 마을조사와 마을술사

　지역 역사문화자원의 응용과 과제에 대한 사례로 재)전주문화재단이 실행한 사업의 수행 과정과 시행착오 과정을 분석하였다. 2015~2018년까지 전주문화재단은 전주시 전역의 33개 행정동에 대한 마을조사를 실시한다. 이 사업은 초기 계획단계부터 조사한 내용을 어떻게 활용할 것인지에 대해 논의하였다. 마을의 역사문화자원을 활용하는 사업은 2017년부터 시작한 〈마을술사 양성을 위한 마을이야기 및 교육과정 개발 컨설팅〉사업(이하 〈마을술사 사업〉으로 통칭함.) 등으로 이어진다.

　〈전주시 마을조사 사업〉은 동심洞心찾기를 비전으로 2018년 현재 33개 행정동의 조사를 완료하고, 동별로 보고서 1권을 발간하였다. 보고서에는 크게 동에 관한 문헌조사와 구술조사로 나뉘어져 있으며, 근현대 마을, 동의 변화상을 살펴 볼 수 있다. 〈마을술사 사업〉의 마을술사(동심술사)는 마을 조사를 수행하고 마을의 역사문화자원 등을 활용하는 사람으로 후에 자세히 다루겠지만, "마을을 기록하는 자, 마을을 해설하는 자, 마을 발전을 제안하는

자"라는 뜻을 가지고 있다.

2. 전주시 마을조사 사업

1) 비전과 목적

〈전주시 마을조사 사업〉의 동심洞心의 의미는 다음과 같다.

> 『맹자』 양혜왕梁惠王편에 나오는 "생활이 안정되지 않으면 바른 마음을 견지하기 어렵다無恒産 無恒心"을 변주한 것이다. 마을의 정체성을 찾으면 바른 마음을 견지할 수 있다는 비전을 제시한 것이다. 그렇다면 전주의 마음이란 무엇인가? 전주정신이 전주인에게 삶의 긍지를 주는 표상과 이데올로기로서 상위에서 작동을 한다면, 동심 찾기는 전주에서 살아가는 시민의 삶의 기저를 탐색하는 것이다. 기억과 이야기를 통해 전주의 정체성을 찾는 과정이다(김창주 2016a: 17).

『맹자』의 항심恒心을 변주한 〈전주 마을조사 사업〉의 동심洞心 찾기는 마을의 마음을 찾는다는 의미를 가지고 있다. 그 마음이란 시민의 욕망을 포함한 삶의 기저를 말한다. 왜 찾으려고 하는가? 첫째, 고유한 전주정신의 발현으로 전주시민의 정체성과 자긍심의 회복, 둘째, 지역문화의 실체와 특성에 대한 올바른 평가와 규명, 셋째, 지역주민의 문제법問題法 계발과 지역문화자원의 개발·활용이 사업의 추진 목적이다.

2) 마을조사의 절차

당초 마을조사 진행 과정은 ① 1차 문헌조사 → ② 조사 대상 선정 → ③ 현지조사 및 2차 문헌조사 → ④ 세미나 및 추가조사로 계획되었다.

① 1차 문헌조사	② 조사 대상 선정
○ 마을 지명의 유래 - 마을의 유래, - 마을의 지명 ○ 마을의 역사와 문화자원 - 마을의 역사 (선사에서 현재까지) - 마을의 문화자원 ○ 마을의 생활민속 - 마을 세시풍속과 민속, 생활사	○ 전문위원의 1차 문헌조사를 바탕으로 조사 대상 제안 ○ 조사 대상 선정 회의 개최 - 문화의집, - 마을신문사 - 마을주민, - 지역문화원 - 전문위원, - 지역박물관
③ 현지조사 및 2차 문헌조사	④ 세미나 및 추가조사
○ 마을 주요인물 구술 조사 - 녹취 및 영상 촬영 ○ 설화, 전설, 이야기 등 조사 ○ 마을주민 소장 자료 - 사진, 고문서, 고문헌, 생활유물 등	○ 조사된 내용을 바탕으로 세미나 개최 ○ 마을의 특색에 맞춰 마을지 목차 구성 ○ 추가 조사 대상 선정

<표 1> 당초 조사항목 도출과정

이 조사 방식은 전문위원의 역할에 비중을 둔 것으로 공모를 통해 선발한 조사원을 전문위원이 교육하는 과정이 포함되어 있

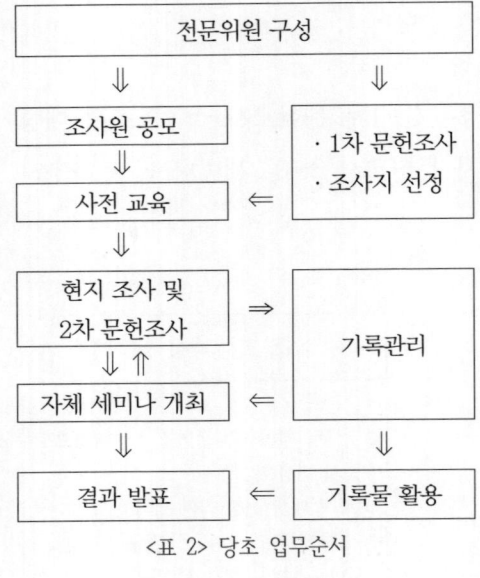

<표 2> 당초 업무순서

었다. 이 교육을 수료한 자가 정식 조사원이 되어 현지조사에 나가는 방식이다. 현지조사의 내용은 전문위원의 검토를 거쳐 2차 문헌조사가 병행되며, 세미나를 거쳐 동별로 목차를 구성하는 구조다. 이와 같은 방식을 제안한 것은 보고서의 조사항목과 목차를 미리 구성할 경우 동별로 대동소이한 결과를 얻는 한계를 방지하기 위한 장치였다. 이것은 실재 추진과정에서 보다 생산적인 방식으로 변형되었다. 전문위원과 별도로 자문위원을 두어 마을조사의 제반 사항에 대한 검증절차를 강화하였고, 이야기 다울마당을 두어 마을조사 활용 방안에 대한 논의를 동시에 진행하였다. 비상근직 조사원을 공모를 통해 선발, 교육해 현장에 투입하는 방식 대신 관련 분야 전공자를 선발하여 상근하는 방식으로 전환해 전문성을 확보했다. 변경된 조사방식은 ① 자문위원회 및 전문위원회 개최 → ② 기초문헌자료 조사 및 정리 → ③ 주민설명회 및 시민이야기 워크숍 개최 → ④ 현장조사 → ⑤ 이야기 다울마당 운영 → ⑥ 마을조사서 발간 순으로 진행되었다. 이중 시민이야기

워크숍은 해당 동의 지도를 펼쳐 놓고 시민과 함께 기억의 장소를 발굴하는 사전조사 성격에 해당하며, 마을조사를 홍보하는 취지도 있었다. 동시에 참여자에게 특정 기억을 상기시켜 구술인을 추천 받기도 한다. 현장조사는 이와 같이 추천 받은 장소, 인물 등을 중심으로 심층적인 추적조사와 기록을 진행한다. 이때 사진 등 다양한 자료를 수집하기도 한다.

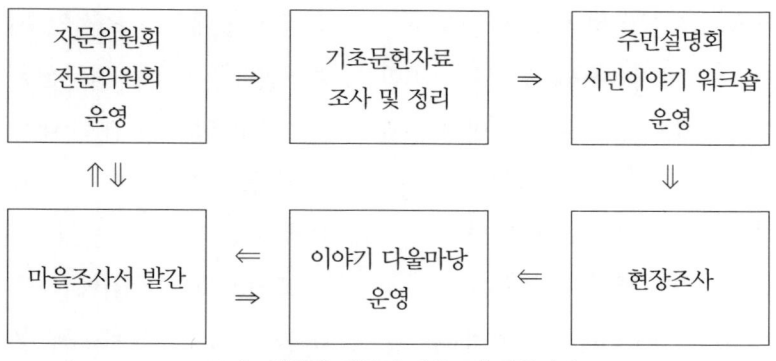

<표 3> 변경된 전주시 마을조사 업무과정

3) 마을조사의 과제

〈전주시 마을조사 사업〉의 한계는 첫째, 시민 조사원을 양성하지 못한 점, 둘째, 기록 과정에서 일부 내용이 누락된 점, 셋째, 조사한 내용의 분류체계와 조사 기법이 미흡하다는 점이다. 본 사업의 주요한 목적 중 하나는 지역주민의 문제법問題法 계발과 지역문화자원의 개발·활용에 있었다. 주민이 마을의 문제를 스스로 도출하고 해결하며, 마을의 문화자원을 주체적으로 활용할 수 있는 능력을 계발하자는 것이다. 이를 위해서 비상근 시민 조사원을 선발해 교육 후 조사에 투입하는 방식을 계획하였고, 이것은 주민이 조사의 대상화가 되는 것을 방지하기 위한 것이었다. 즉, 마을을 기억하고 이야기하는 주민이 스스로 기록하고 그것을 활용하는 능력의 계발해, 〈전주시 마을조사 사업〉이 종료된 후에도 지속적인 주민 주체의 활동을 유도하기 위한 계획이었다. 실제 사업수행에서는 소수의 전공자가 조사를 전담하여 조사의 전문성을 강화하였다. 마을조사 자료의 활용에 대한 기초적인 논의는 이야기 다울마당이 그 역할을 수행했다. 각각의 전문성은 확보하였지만 이로써 주민은 단순히 기억하고 말하는 자로 대상화되었다. 조사자가 없으면 기록되지 못하는 한계를 가지고 있다. 또한, 말한 것이 조사자의 의해 선택되어 기록될 수 있다.

즉, 마을 주민의 구술은 조사자 또는 조사기관의 관점에 의해 기록에서 선택되고 제외될 수 있다. 다음과 같은 이유로 구술은 선택되어 기록되는 것을 지양해야 한다. 구술의 내용이 특정 사건을 사실적으로 구술하고 있느냐의 중요성과 더불어 그것이 구술된 사실임도 중요하다. 다시 말해, 비록 그 구술이 구술자의 기억의 재구성 과정에서 사실과 다른 구술일지라도 해당 사건을 때로는 사실과 다르게 인식하고 있다는 점을 간과할 수 없다. 어떤 사건의 고의적인 거짓말을 포함해서, 그것은 해당 사건에 대한 구술자의 인식, 더 넓게는 그 사회를 구성하는 시민의 역사관, 미적 의식, 철학 등을 들여다 볼 수 있게 한다. 즉, 과거의 사건과 시공간, 사물에 대한 주관적 표현은 구술한 자가 처한 사회적 인식, 더 넓게는 그 사회 구성원의 정신세계를 바라보는 데 통찰력을 주기 때문이다.

노송동은 물에 대한 이율배반적, 양가적 이미지를 가지고 있었다. 이곳에 있는 "물왕멀은 물이 많아서 물왕멀이다, 물 걱정 없이 살았다"는 기억과 "물이 귀해서, 천변까지 내려가 물을 길러 와서 물 때문에 고생했다"는 이야기가 공존해 있다. 현 전주도시혁신센터 부근에 있었던 피병원에 대한 기억 역시 상반되어 나타났다. "6 · 25전쟁 때 헌혈의 집"이란 증언과 "일본인들이 사람들을 데려가 피를 빼서" 마루타를 실험하던 부정적 기억이 공존해 있다. 이것은 일제강점기 도시가 근대화 되면서, 혐오시설인 화장장, 형무소, 사창가, 일본인의 사격장과 공동묘지가 조성되면서, 형성된 것으로 추측된다. 노송동에 있었던 전주역 역시 이런 감성이 교차한다. 전주역에서 흘리던 만남과 이별의 눈물은 누군가에게는 기쁨이고 슬픔이었다. 노송동은 근현대 전주의 도시화 속에서 양가적 기억을 간직하고 있다.

팔복동의 추탄 이경동의 설화 역시 변주하고 있다. 알려진 설화에서 추탄의 부친은 하가마을에 살고, 명의는 현 팔복동의 버드랑주에 살고 있다. 물 건너 살고 있었다. 그러나 최근 조사된 설화에는 이경동이란 특정인 대신 효자가 등장한다. 아픈 아버지와 명의는 팔복동에 살고 있다. 매우 절친한 사이였지만, 원수가 되었다. 효자 아들은 겨우 명의에게 처방전을 얻는다. 이경동의 설화에서는 처방전을 들고 집으로 돌아가기 위해 홍수로 범람한 전주천에 뛰어들지만, 팔복동 효자의 이야기에서는 약재를 구하러 전주시내로 가기 위해 물에 뛰어 든다. 이 두 이야기에서 물의 이미지와 효자의 행동은 변하지 않았다. 그런데 왜 아버지는 명의와 같은 동네에서 살면서 원수지간이 되었고, 팔복동은 병을 치료할 수 있는 약재가 없는 동네로 이야기가 변주했을까?

팔복동은 전주의 산업화 과정 속에서 전통적인 마을의 공동체가 파괴되었다. "당산제를 잘못 지내면 누가 죽어도 하나가 죽는다"는 당산나무는

2014년 베어지고, 그 자리에는 정자와 공원이 들어섰다. "당산제는 음력으로 정월 초삿날(초하룻날)에 지냈으며, 그 기간에는 외지인이 들어오면 부정 탄다는 이유로 다른 동네사람들의 출입이 제한되었다. 당산제가 끝난 후에나 마을에서 용무"를 볼 수 있었다. 최근 당산제는 복원되었지만, 주민들은 당산나무와 당산제를 그리워하는 것이 아니다. 정성과 마음으로 제를 지내던 마을공동체를 그리워하고 있었다. 이경동 설화의 변주는 자급자족하던 전통마을의 해체와 팔복동이 물에 몸을 던져야 나올 수 있는 전주의 섬이 되었음을 상징하고 있다.

 이런 기억과 이야기의 변주가 어떤 문화적 원형성의 훼손일까? 17세기 유몽인의 『어우야담』에 기생에 대한 이야기가 있다. 봉동 생강 장사가 개성 기생에게 홀딱 빠져서, 가지고 있던 생강을 몽땅 탕진하고, 기생집 머슴이 된다. 이야기의 끝은 기생의 도움으로 동방의 갑부가 되어 고향으로 돌아온다. 또 하나는 전주객사에 습기 찬 실록의 햇볕에 말리는 임무를 맡은 포쇄별관이 도착한다. 근엄한척하며 기생을 멀리하던 그는 결국 부윤과 판관, 퇴기의 꾀에 속아 기생에 홀딱 빠진다. 기생이 도움을 주기도 하고 골탕을 먹인다는 점에서 두 설화는 전혀 다른 이야기 같지만, 같은 이야기가 변이한 것으로 해석한다. 『춘향전』과 『배비장전』 역시 이와 같은 연장선에서 해석할 수 있다. 이 과정에서 조선의 기생의 정체성에 대해 입체적인 파악이 가능하다. 즉, 감성을 담은 기억과 이야기의 변주는 전주시민의 정체성을 입체적으로 파악할 수 있으며, 이것이 확보되었을 때 미래유산의 활용 가능성을 다양화 할 수 있다(김창주 2016a: 18-19).

 구술은 사건에 대한 구술자의 기억의 재구성이며, 구술자가 바라보는 세계관이 표현되어 있다. 이와 같은 구술의 세계관은 개인적 특성뿐만 아니라, 구술자가 동시대 문화를 공유한다는 점에서 그 사회의 세계관을 반영하고 있다. 또한 사건에 대한 은폐와 효과적 전달 사이에서 벌어지는 비문과 문학적 표현이 서로 경합

한다. 그것은 현재의 시점에서 과거를 재현한다는 점에서 문학성을 가지고 있다. 그것은 실패한 과거를 구술한다는 점에서 때로는 소설적 특성을 들어내며, 성공한 과거를 구술한다는 점에서 서사시를 방불케 한다. 이와 같은 전제에서 구술조사의 결과에서 민중문화를 발견하기도 하며, 바흐찐이 말하는 그로테스크 육체와 이미지를 만나기도 한다. 구술자들은 때로 그들의 서사전략을 그로테스크하게 보여줌으로써 과거의 사건을 생생하게 전달하기도 하며, 그것이 과거의 사건으로 끝나지 않고, 현재와 미래에도 지속되고 있음을 암시하기도 한다.

예컨대, 전주에 사는 사람은 누구나 전주 덕진 연못에서 찍은 사진이 한 장쯤 가지고 있는 추억의 장소이며, 전라북도의 대표적인 대중 유원지 중 하나이다. 그만큼 이곳에는 서민들의 애환과 그로테스크한 이야기가 전해져 온다. 그 첫 번째 이야기는 진기풍 전 전북일보 사장이 구술한 단오제에 관한 이야기다.

본래 전주방송국은 이리(현 익산)에 있었습니다. 해방 후에 전주로 옮겨 왔는데, 당시 초대 국장은 이춘성(후에 제18대 전북도지사 역임, 재임 기간: 1971~1973) 씨였어요. 이춘성 씨는 방송국 내에 지역 일을 해보자는 의도로 문화위원회라는 것을 만들었습니다. 그 6명이 유기수, 류승국, 김근희, 정재인, 이봉희, 진기풍입니다. 카니발을 해보자 하는 제의가 나왔고, 기독교계의 기인으로 선행을 많이 한 거두리 참봉이라는 분의 날로 정하자 하는 말들도 있었어요. 회의 끝에 단오제를 계승하기로 결정했습니다. 그 이유는 단오절에는 창포로 머리 감는 풍습이 있었고, 단옷날 덕진에서 한다고 하면 자연스럽게 사람이 모일 수 있다는 것과 단오절은 그야말로 전통적인 카니발이었어요. 옛 속담에는 '단옷날에는 비 맞고, 물 맞고, 서방 맞고, 매 맞고'라는 부끄러운 이야기도 전해져 옵니다. 전통적인 단오절을 계승하되, 무질서한 분위기는 바로잡아 보자는 데 그 취지가 있었어요(장명수 2008: 535-536).

해방 후 전주방송국 내 문화위원회에 의해 전주의 단오가 새로이 재구성되었음을 알 수 있다. 그것은 단오제의 무질서한 분위기를 바로잡고 전통적인 카니발을 계승하자는 데 있었다. 그 무질서한 모습은 속담에서 확인할 수 있다. 진기풍은 "단옷날에는 비 맞고, 물 맞고, 서방 맞고, 매 맞고라는 부끄러운 이야기가 전해져" 온다고 말한다. 무엇이 부끄러운 것일까? 여기 '비 맞고'는 비가 오다 말다 하는 단옷날의 기후적 특성을 말한 것이다. '물 맞고'는 창포에 머리를 감는 풍습을 말한다. "단오절에는 창포로 머리 감는 풍습이 있었고, 단옷날 덕진에서 한다고 하면 자연스럽게 사람이 모일 수 있다"고 말한 것을 보면, 이것은 무질서한 분위기가 아니었고, 풍습이다. '서방 맞고'는 단옷날 벌어지는 성적 일탈을 말하는 것으로 그가 부끄럽다고 말한 것이 이것이다. '매 맞고'는 이 성적 일탈에 대한 징벌을 뜻한다. 이것을 보면 단옷날의 성격 중에는 공식문화를 전복하며 성적 일탈이 벌어지는 카니발적 요소가 있었다.

덕진 연못 주변에는 현재에도 여관이 즐비하지만, 덕진역이 있던 시절에는 퇴폐적 문화가 공존하던 곳이었다.

덕진공원에 옴팡집 주변 방죽 밑으로는 술장사들이 쭉 있었다. "일명 '니나노집' 아니면 똥방죽이라 불렀어. 말하자면 손님들에게 여자들을 색시처럼 옆에 두고 막걸리 따라주고 하는 색시장사 있지? 우리가 볼 때는 색시집이지. 방에 여자가 들어오고 빨간 불 켜놓고 그런 곳이었어. 거기서 사람들이 술값이 없으면 밖으로 안 내보내고 그랬어, 지금은 다 없어져서 그렇지. (중략) 거기에 ROTC 사람들도 많이 갔어. 학군단도 가까우니까 그 군인들 사람들이 다 갔어, 거기에. 덕진공원 밑에 다 그랬어. 철뚝이었었어, 거기가. 덕진공원을 지나가려면 철뚝 기찻길이 있었어. 지금 다 없어져서 그러지. 지금 샛길 있지? 공원 나무다리 하나 있지? 자율방범 컨테이너 놓은 곳. 도립국악원 그쪽 샛길. 그게 철뚝길(기찻길)이야. (중략) 아가씨들 있는 곳은 다 기찻길이 끼어있어. 그때 풍경이 기찻길이 있고 그 옆에 바로 똥방죽이 있는 풍경이었어(전주문화재단 2017: 136).

덕진 연못의 다른 이름인 방죽 밑으로는 니나노집 또는 똥방죽이라고 불리던 퇴폐 업소가 있었다. 또한, 아가씨(색시)들이 있는 곳은 다 기찻길이 끼어있다고 말한다. 성을 매매하던 업소임을 암시하고 있다. 이 구술에서 편집된 이야기가 있다. 이들 성매매 여성에게서 태어난 신생아들은 덕진 방죽에 수장되었고, 사람들은 그런 물이 피부에 좋다고 소문이 나, 몸을 씻었다는 그로테스크한 이야기다. 즉, 죽음과 재생이 공존해 있다. 이 이야기는 최종 편집 과정에서 누락된 것으로 추측된다. 공식 문화는 이런 이야기를 제외함으로써 지역의 정체성을 의도적으로 재구성하며, 이와 같은 이야기를 비공식화 한다.

다음은 아예 조사되지 않은 이야기에 대한 것이다. 조기호 시인의 『전주성』이란 시집에 나오는 「덕진 방죽 물귀신」이란 시다(2016: 240-241).

덕진 방죽 물귀신

군인도 아닌 것이 순사도 아닌 것이/ 푸른 전투복 차림으로 다방이며 술집으로/ 빈둥빈둥 놀고먹는 인중 긴 소주사아저씨// 전쟁 통에 홀로 된 공동산지기 큰딸이/ 팔자를 고친대서 선을 보였더니// 그 길로 달고나가/ 국물만 훌짝 떠 먹어보고는/ 발길을 돌려버려서 덕진 방죽 연못가에 10문 반짜리 흰 고무신을 나란히 벗어놓고/ 치마폭을 둘러써버렸습니다// (중략)// 동네 아낙들 수군거리는 입소문으로는/ 용산다리 폭격으로 건지산이 놀랄 때/ 덕진 연못도 함께 뒤집혀서// 넋 건져서 잠재워놓은 물귀신들이/ 뿔뿔이 기어 나와 저승 가는 길동무를 잡아가는 탓이라고들 하였습니다.

 가해자와 피해자의 인적 사항이 자세히 기술된 이 시의 내용을 미루어 짐작해 보면, 이들은 모두 실존했을 가능성이 크다. 한국전쟁 이후의 비극이 반복되고 있음을 알 수 있는 대목이다. 이와 같은 역사적 사실이 구술조사로 통해 들어나지 못한 것은 안타까운 일이다. 역사적인 한 장소를 두고 그곳은 다층적인 기억이 숨겨져 있다. 그것은 쾌락과 깊은 슬픔, 죽음과 재생이 공존해 있는 그로테스크한 민중의 장소라는 것을 알 수 있다.
 또 다른 예를 들어보자. 아래 사진은 모두 허물어져가는 건물의 잔해다. 좌측의 사진은 터키 에베소다. 우측은 전주시 선미촌의 건물 잔해다. 더 이상 허물어지지 않게 보호대가 설치되어있다. 가운데 사진은 그야말로 심난한 건물의 잔해다. "선미촌의 저 허물어진 벽은 문화유산으로 보이지 않는다. 왜 그럴까? 오래되지 않아서, 건축기술이 별 볼일 없어서 일까?(김창주 2016a)" 이 사진들은 모두 사창가의 건물 잔해다. 가운데 건물 잔해는 현재 우측처럼 변했고, 주변은 공원화되었다. 선미촌은 전주시의 유명한 성매매 집결지였고, 현재 전주시는 이곳을 문화재생하고 있다. 저 허물어져 가는 건물의 잔해에 어떤 이야기가 없다면 그것은 쓸모없는 폐기물에 불과하지만, 성을 팔던 여성의 방임을 아는 순간, 이곳은 사회적 약자인 여성의 인권에 대한 역사를 교육할 수 있는 문화재가 될 수 있다.

<사진 1> 터키 에베소와 전주시 선미촌의 잔해(좌 2007, 중 2016, 우 2018 저자 촬영)

불결하고 비도덕적이기 때문에 기록에서 제외되어서는 안 된다. 또한 기록의 조건은 당시대에 진실이라고 생각되는 이념성을 넘어서, 한 사건에 대한 다양한 이견을 담을 수 있어야 한다. 이와 같은 특성을 인지하는 것은 구술조사자가 현장조사 이전에 숙지해야 하는 사전지식에 해당한다. 이것은 기록자뿐만 아니라 기록을 감독하는 기관에서도 충분히 숙지해야 한다. 바흐찐의 라블레론(이덕형 외 역 2001)은 이러한 측면에서 마을조사의 지침, 조사 목록화 작업에 도움을 줄 수 있다.

마지막으로 분류 체계에 대한 검증과 미흡한 조사 기법으로 인한 조사 자료의 완성도 문제다. 당초 계획에서 마을마다 대동소이한 결과가 도출되는 것을 방지하기 위해 일률적 조사항목을 설정하지 않고, 조사 후 결과에 따른 분류를 계획했었다. 이것은 생각처럼 쉬운 일은 아니다. 현재 각 동의 보고서는 크게 문헌조사와 구술조사 기록으로 분류된다. 문헌조사에는 동의 개관, 동의 유래와 주요지명, 동의 역사, 동의 문화자원, 동의 생활·민속, 동의 자연·생태, 동의 주요 도로망 체계, 동의 주요 공간 체계, 동의 인구·가구·산업, 동의 주요 공공시설 및 주민시설 현황 등으로 분류되어 있다. 구술조사 기록은 도로 및 공간변화, 시대생활상, 시대생활공간묘사, 상업시설, 정주공간, 사건, 기관, 인물, 자연지형, 기타 이야기 등으로 분류되어있다. 검증 방법은 다음과 같다. 완산동을 예시로 〈마을술사 사업〉에서 개발한 마을 이야기 분류에 따라 나눠자, 현재 생존해 있는 '반석유통 인근 상가와 용머리로 고개의 토박이' 이외에 인물에 대한 조사가 부재했다. 다음은 이와 같은 재분류 후 찾아낸 인물들이다.

유형구분	주제 분류	이야기 항목
사람	역사인물	**전근대 마을 출신의 역사적 인물** - 주요키워드 : 효산 이광렬(서예가, 전주부사 편찬)
	근대인물	**일제강점기 이후 사망한 마을 출신의 인물** - 주요키워드 : 이철승 국회의원, 정창모(효산의 외손자, 북한 인민화가)
	생존인물	**마을거주자나 출신자로 생존해 있는 인물** - 주요키워드 : 김혜미자(한지공예가), 이원창, 심재권 (16대 국회의원), 이종철(전 한국전통문화학교 총장), 이두엽(전 새전북신문 사장), **반석유통 인근 상가와 용머리로 고개의 토박이**

<표 12> 누락된 인물 조사 보완 예시

즉, 조사 후 분류된 내용은 누락된 것이 없는지 필히 검증 절차를 거쳐야 한다. 이런 문제가 발생하는 것은 구술조사라는 것이 생존해 있는 현재의 사람을 대상으로 한다는 한계점 때문이며, 또한 이것을 문헌조사에 의해서도 보완하지 못한 것은 미흡한 조사 기법 때문이다. 일정한 분류체계의 설정은 각 마을의 특수성을 도출할 수 없는 한계를 지니고 있지만, 충실하게 각 동의 개별성을 확보할 수 있게 한다. 조사자와 기록자는 이것을 충실히 인지해야 한다. 이에 대한 문제들은 〈마을술사 사업〉 운영을 통해 보완해 가고 있다.

3. 마을술사 사업

1) 마을술사의 목적과 역할

2017년 시작한 〈마을술사 사업〉의 사업 추진 배경은 첫째, 전주의 도시 기록화 사업과 전주정신 수립을 위한 자발적 주체 발굴 및 확산 필요, 둘째, 1천만 명 관광시대를 맞이한 문화관광 도시 전주 발전을 위한 다양한 명소 발굴 필요, 셋째, 도시재생, 새로운 뉴딜사업의 전개로 차별화된 마을 문화콘텐츠 개발 모델 필요, 넷째, 마을 만들기 등 지역 만들기 사업의 확장 속에서 전주의 특성 발굴에 대한 요구 등이다.(전주문화재단 2017: 11-12) 이와 같은 배경 하에 사업목적은 첫째, 마을 정체성 찾기, 기록화의 주체 설정, 둘째, 도시재생 뉴딜사업에서 마을 주민의 역할 정립 및 조직화, 셋째, 마을술사 양성을 통한 지역개발 모델 제시(전주문화재단

2017: 12-13) 등이다. 이 같은 사업목적 속에서 마을술사의 역할 개념별 분류는 다음과 같다.

▫ 마을술사
(洞心述史) :
Village Archivist
마을을 기록하다
	○ 마을 이야기의 조사와 정리
	  – 마을의 유래와 역사, 문화자원, 소소한 이야기 등을 조사
	  – 마을의 이야기와 문화자원을 기록하여 미래유산으로 전승
	○ 마을 이야기 문화 공동체 운영
	  – 마을의 이야기를 조사 정리하는 문화 공동체(동아리) 조직
	  – 마을 내 동아리 네트워크 구성(주민자치센터, 문화의 집 등)

▫ 마을술사
(洞心述士) :
Village Guide
마을을 설명하다
	○ 마을의 역사와 문화를 설명
	  – 마을사람들에게 마을의 역사 등을 설명
	  – 외부사람들에게 마을의 문화와 역사를 소개
	  – 마을의 역사와 문화를 교육
	○ 마을 내 방과 후 교육
	  – 마을 내 초중등학교 학생을 대상으로 마을 교육
	  – 방과 후 교육프로그램 운영, 자유학년제 학습으로 마을 교육 진행

▫ 마을술사
(洞心術師) :
Village Designer
마을을 설계하다
	○ 마을의 발전을 위한 다양한 의견 제시
	  – 마을의 활성화와 개발에 대한 새로운 정책을 제시
	  – 마을 공동체의 조직과 운영 참여
	○ 마을 공동체 문화 추진
	  – 마을 공동체 문화 확산을 위한 모임 운영
	  – 마을 공동체 문화프로그램(골목길 축제 등) 운영

<표 4> 마을술사의 역할 개념 분류(전주문화재단 2017: 19-21)

즉, 마을술사는 "마을사람들과 외부 방문객, 관광객을 대상으로 마을의 역사와 문화를 알려주는 사람이자 마을의 역사와 문화를 조사하고 기록하는 정보의 생산자이고, 마을 발전을 위한 다양한 의견의 제안자"로 정의할 수 있다.

2) 주요 사업과 콘텐츠

2017년 〈마을술사 사업〉의 주요사업은 주민 참여를 중심으로 한 시범사업 추진체계 구축, 마을이야기 분류 및 개발 방안 제시, 마을술사 교육과정 개발 및 운영, 마을 문제은행 개발, 마을 미니박물관 운영, 빌리지 투어 개발 및 운영, 마을 캐릭터 개발, 마을이야기 지도 개발, 마을 컬러링 도안 개발, 마을술사 활용 및 조직화 매뉴얼 개발 등이다. 〈전주시 마을조사 사업〉의 결과물 중 『완산동 마을조사서』(전주문화재단, 2017)를 예시로 마을의 이야기를 분류하고 개발하는 방안을 제시하였으며, 이것을 바탕으로 다양한 콘텐츠를 생산하고 앞의 사업들을 시범운영하였다.

2018년에는 전주시 서학동을 중심으로 마을술사 교과서 개발, 마을 문제은행 개발, 트레킹 코스 개발 및 시범운영, 마을 콘텐츠(캐릭터, 지도, 조형물 등) 개발, 동네밥상 레시피 개발 등을 진행한다. 〈전주시 마을조사 사업〉의 조사 보고서를 활용하는 방법을 제시

구 분	2015	2016	2017	2018	2019~2030
전주시 마을조사	전주시 33개동 기초 전수조사 완료				
마을술사 시범운영			교육과정 개발 등		마을술사 확대 운영
마을술사 연계 콘텐츠 개발				마을술사 교과서 개발 등	
마을술사 커뮤니티 구축				커뮤니티 구축, 공간재생 등	

<표 5> 연차별 마을술사 운영 계획

하고, 시범사업 운영, 마을술사 연계 콘텐츠 개발, 커뮤니티 구축 등에 대한 계획을 세우고, 아래 표와 같이 2019년부터는 점진적으로 전주시 전역으로 본격적인 확대 운영을 제안한다.

〈마을술사 사업〉의 성과를 미래지향적 콘텐츠, 공동체 참여형 콘텐츠, 지역재생을 위한 콘텐츠 등으로 다음과 같이 분류할 수 있다. 모든 분류가 그렇듯 정확한 분류는 가능하지 않다. 사업의 성격에 따라 양쪽에 걸쳐 있거나, 구분이 명확하지 않은 것도 있음을 밝혀둔다.

미래지향적 콘텐츠	공동체 참여형 콘텐츠	지역재생을 위한 콘텐츠

○ 마을이야기 분류 및 개발
○ 마을 문제은행 개발
○ 마을 캐릭터, 조형물 개발
○ 마을 컬러링 도안 개발
	○ 주민참여 추진체계 구축
	○ 교육과정 개발 및 운영
	○ 마을 미니 박물관 운영
	○ 마을 이야기 지도 개발
		○ 마을술사 교과서 개발
		○ 마을술사 활용 및
		   조직화 매뉴얼 개발
		○ 마을 여행 개발 및 운영
		○ 동네밥상 레시피 개발
		○ 커뮤니티 공간 조성
		  - 게스트 하우스 조성

<표 6> 성격별 콘텐츠 분류

4. 응용과 과제

1) 미래지향적 콘텐츠

전주시는 전주미래유산정책을 2016년부터 본격적으로 시작하였다. 전주미래유산이란 용어에 대해 여러 이견이 있었지만, 대체로 그 의미에 대해서는 동의한다. 전주시는 다음과 같은 사례가 있었기 때문이다.

> 전주한옥마을은 1977년 한옥보존지구로 지정되어, 1997년에는 보존지구가 해제되기도 했다. 보존과 재개발을 두고 여러 갈등이 있었다. 세상에 둘도 없는 정다운 우리 동네였지만, 누군가에게는 살기 불편한 낙후된 집이었다. 전주한옥마을은 이 갈등의 시간을 견뎌내었다. 강산이 몇 번 변하는 짧지 않은 시간이었다. 그런데 전주한옥마을의 가치를 미리 알아보고 보존지구로 지정한 혜안과 이것을 실천한 선배들이 있었다. 이것을 보면 전주미래유산이란 말은 오늘 만들어졌지만, 미래유산이란 말이 있기도 전에 우리의 선배들은 이미 그것을 알아보고 실천하고 있었다. 재개발의 논리로 허물어져 사라져 버릴 것들을 지켜낸 것이 어디 이것 하나뿐이겠는가? 후배들이 발견하지 못한 전주미래유산은 지금 어디에 있을까?(김창주 2016b)

1977년 한옥보존지구로 지정된 전주한옥마을은 보존과 해제를 두고 여러 갈등이 있었다. 1997년 보존지구가 해제되었지만, IMF 외환 위기로 재개발을 모면한다. 이후 2002년 월드컵을 계기로 재조명되면서, 오늘의 전주한옥마을이 된다. 전주한옥마을은 1930년대 전라북도 도내 중소지주들이 자녀의 신식교육을 위해, 전주에 나와 살면서 만들어진 것으로 당시 한옥을 짓던 집장사가 건축한 것이다. 다시 말해서 문화재로서의 가치에 대해 의문을 던질 수 있다. 즉, 전주시민은 미래유산이란 말이 있기도 전에 그것의 가치를 알아보고 실천하고 있다. 그렇다면 현재를 살아가는 사람들이 발견하지 못한 미래유산은 어디에 있을까? 전주시 사회적경제·도시재생지원센터와 전주문화재단은 7차례의 포럼을 개최하고 미래유산이 무엇인가와 어떻게 활용할 것인가를 놓고 다양한 의견을 모았다.

> 유형적 자산에는 건축물, 장소, 경관 등이 무형적 자산에는 기억, 기록, 공동체 등을 포함하고 문화지구와 지구단위계획을 중첩해 미래유산지구를 지정하는 제도적 활용 방안이 논의되었다. 그러나 이것은 미래유산이 아니다. 미래유산을 만들어가는 도구다. 유형적 자산은 바늘, 무형적 자산은 실, 지구단위계획은 가위에 비유할 수 있다. 각각은 하나의 도구로 가치를 가지고 있지만, 바늘이 구멍을 내어 점(장소)을 만들어낸다면, 형체를 변형할 수 있는 실은 점과 점을 이어 선을 만들어낸다. 지구단위계획은 마름질한 옷감을 잘라내는 가위다. 이 바늘과 실과 가위가 만나 만들어내는 옷이 미래유산이다. 이 옷을 만드는 행위의 주체는 전주시민이다(김창주 2016b).

즉, 미래유산은 과거 어디쯤에 완벽하게 존재하는 것이 아니라, 만들어가는 것이다. 여기서 만들어간다는 말은 정확한 표현이라고 볼 수는 없다. "전통이 새롭게 만들어진다고 보는 것은 적합지 않으며, 전통이 새로운 형태로 변형 된다고 보는 것도 적합지 않다. 전통은 음악의 선율처럼 변주한다고 보는 것이 적합하다. 변주한 선율은 그 본래의 선율을 간직하고 있지만, 변형되었으며, 새롭게 만들어졌다는 의미를 모두 내포하고 있다(김창주 2018)."

미래지향적 콘텐츠를 위와 같이 정의하고 사업 과정을 아래와 같이 도식화했다. 미래지향적 콘텐츠는 과거의 자료(유산)를 놓고 활용에 대한 현재의 고민이 상호작용해 새로운 가치를 창출하는 과정이라고 볼 수 있다. 〈마을술사 사업〉 중 마을이야기 분류 및 개발, 마을 문제은행 개발, 마을 캐릭터, 조형물 개발, 마을 컬러링 도안 개발 등의 사업이 해당한다.

(1) 환류형 이야기 개발

〈마을술사 사업〉에서 개발한 마을 이야기 환류형 개발 구조는 마을술사 교육과정 운영을 시작으로 마을 이야기 만들기, 마을이야기 분류와 재조합을 통한 마을 이야기 보여주기와 말하기로 진행된다.

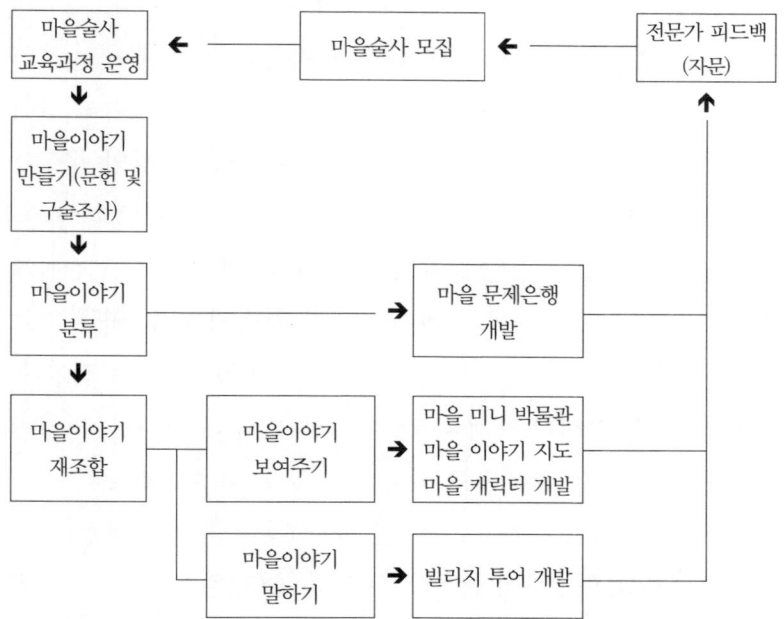

<표 7> 마을이야기 환류형 개발 구조(전주문화재단 2017: 39)

마을술사 교육과정 운영을 통해 마을이야기 만들기가 시작된다. 이후 마을이야기 분류와 재조합을 통해 마을이야기가 개발되는 구조다. 마을이야기 분류는 교육과정을 통해 조사된 것과 〈전주시 마을조사 사업〉 중 『완산동 마을조사서』를 예시로 개발하였다.

(2) 이야기의 분류

전주시 33개동을 대상으로 하는 전주시 마을조사 자료와 전주시에서 추진하는 전주미래유산의 문화자원을 활용하기 위해서는 해당 자료를 유형별로 분류하는 과정이 선행되어야 한다. 유형별로 분류된 자료는 재조합 과정을 통해, 학문적 가치, 교육적 가치 등을 확보하고 다양한 문화콘텐츠로 개발될 수 있다. 마을 단위에서 지속가능한 활용이 가능하도록 유연성 있는 분류안 구성을 목표로 하였다. 첫 시도는 HRAF(Human Relation Area File) OCM(Outline of Cultural Materials)를 활용한 분류였다. HRAF는 예일 대학 인간관계연구소(http://hraf.yale.edu)가 작성한 인류학 분야의 기초 연구 자료로, 인간사의 제반 사항들을 주제별로 분류·정리한 자료집이다. 2000년 현재 전 세계 26개국 300여 개의 대학, 연구기관, 박물관 등이 이 자료집을 회원으로 활용하고 있다(조옥라 2000: 83).

HRAF의 OCM의 분류는 크게 연구와 교육 측면에서 응용이 가능하며, 비교문화연구에 활용할 수 있다. OCM은 HRAF의 주제별 분류 리스트로 숫자와 주제로 민족지를 분류한다. 예를 들어 240번은 농업에 따른 분류인데, 그 하위에는 9개의 소항목이 있고 244번은 '채소 생산'이 주제어다. HRAF의 OCM을 분류 결과는 마을 단위의 분류에 적용하기에는 포괄적이며 학문적으로 민족지에 가까웠다. 이에 마을술사와 주민들 스스로 이야기를 축적 활용할 수 있는 계기를 확보하고, 마을술사의 역할 및 활동에 적합한 이야기 분류안을 개발하였다. 다음은 이것을 활용해 전주시 완산동의 이야기와 문화자원을 분류한 것이다.

유형구분	주제 분류	이야기 항목
역사	마을형성	**마을의 유래와 형성 과정** - 주요키워드 : 일본인들이 거주를 기피하던 완산동/완산동의 낙후와 관련된 일본인 거주여부
	마을개발	**마을의 주요 개발 이력** - 주요키워드 : 없음
	마을문화재	**마을의 역사문화유산** - 주요키워드 : 기령당/원각사/완산공원 종각과 동학농민군 전주 입성 기념비/가락지구의 완산사당
	지명유래	**마을 내 여러 지명의 유래** - 주요키워드 : 금송아지바위/빙고리/용머리고개/땀띠샘/
	설화전설	**마을의 설화와 전설** - 주요키워드 : /지금은 사라지고 없는 통시암/한국전쟁시기의 인민군 학살흔적이 전해오는 강당재/동학농민운동의 치열한 격전지 완산동/6·25전쟁 당시 피난과 폭격/꼬치산 인민군 학살 이야기
공간	지리공간	**마을의 자연지리적 위치 환경** - 주요키워드 : 용머리로에 대장간이 있는 이유/완산동에 점집이 많은 이유/수도골목의 유래와 변화과정/바울교회 주차장/완산동의 지형이야기
	도로공간	**마을길과 마을을 연계하는 도로** - 주요키워드 : 고가가 많던 곳/서울과 목포로 가는 '경목선'/당시 서울과 목포를 잇는 1등 도로 '용머리로'/68년 용머리고개 도로 발파 이야기/교통 요지였던 용머리고개 도로 풍경/

유형구분	주제 분류	이야기 항목
		용머리고개 육교가 생기고 사라지게 된 이유/도로명주소/서천교/시립도서관 밑 '수돗골'/불법주차장이 되어버린 빙고리4길 일대
	건축공간	**주요 공공건축물(학교, 사찰, 교회 등)** - 주요키워드 : (구)예수병원인 엠마오사랑병원/구 예수병원/용머리고개의 개설/벽돌공장 이야기/구 한국은행전북총재사택/"예전에 바울교회 자리는 시멘트공장이었어"/완산시외버스공용터미널/용머리고개 한사랑요양병원이 옛 예식장완산주유소 이야기/영무예다음아파트/가락지구 주거환경개선사업/파출소 자리였던 완산동 시외버스터미널/기령당/원각사/완산공원 종각과 동학농민군 전주 입성 기념비/가락지구의 완산사당/관음선원
	공용공간	**공원, 마을공터, 당산, 빨래터 등 다중 공간** - 주요키워드 : "대풍한마을아파트 자리에도 공동묘지가 있었어!"/완산 약수터/남천교 밑 전주천 빨래터/예수병원 빨래터/시립도서관과 정수장/시험기간이면 줄서서 들어갔던 전주완산시립도서관
	경제공간	**가게, 공장, 논·밭 등의 경제활동 공간** - 주요키워드 : 용머리고개 대장간, 골동품 가게 현황/매곡교 다리 밑 나무장사/유기전에서 유래한 유기전거리/튀김가게와 자전차 수리소였던 '전주수퍼마켙' 양종금/서부시장과 남부시장/육교인력 건축물의 특징/일을 찾아 육교인력에 오는 사람들/반석유통 인근 상가와 용머리로 고개의 토박이들/완산초53회동창회사무실로 활용되고 있는 육교인력/남부시장의 새벽시장 이야기/남부시장 새벽시장
	자연공간	**산, 하천 등 자연 문화 공간** - 주요키워드 : 용머리고개의 변화/구술자가 기억하는 원각사 주변일대 및 용머리고개 풍경/완산칠봉 데이트 장소 '금송아지 바위'/스산하기도, 높았기도, 추억이 담겨있기도 한 '용머

유형구분	주제 분류	이야기 항목
		리고개'/완산칠봉 삼나무/완산칠봉 철쭉꽃/완산동 꽃동산/완산칠봉
사람	역사인물	**전근대 마을 출신의 역사적 인물** - 주요키워드 : 효산 이광렬(서예가, 전주부사 편찬)
	근대인물	**일제강점기 이후 사망한 마을 출신의 인물** - 주요키워드 : 이철승 전 국회의원, 정창모(효산의 외손자, 북한 인민화가)
	생존인물	**마을거주자나 출신자로 생존해 있는 인물** - 주요키워드 : 김혜미자(한지공예가), 이원창, 심재권(16대 국회의원), 이종철(전 한국전통문화학교 총장), 이두엽(전 새전북신문 사장), 반석유통 인근 상가와 용머리로 고개의 토박이
문화	주거생활	**가옥의 구성 및 생활 속의 문화** - 주요키워드 : 방이 좁아도 사랑은 이길 수 없다/차가 없고, 돈이 없어서 걸어 다녔던 그 시절/책보로 싸서 다녔던 학창시절/자동차가 없던 시절, 걷는 게 전부였던 시절/고생한 기억/상황이 어려웠던 중학교 시절/"없이 살던 시절"/과거 완산동의 불 때던 방식의 변화/완산동에서 물을 길어가 썼던 이야기/새벽에만 나왔던 수돗물/완산동 이미지 "오메~완산동에도 도시가스가 들어오네잉"/환경개선지구로 지정된 후 떠난 주민들/완산동 이미지 "어휴~완산동살어?"/빈촌의 이미지/ 백정들이 많이 살았던 완산동/완산동 최초로 들어 온 집
	음식문화	**절기 음식 등 식생활 문화** - 주요키워드 : 김제에서 전주로 쌀을 매고 오다/허기를 없애려고 먹던 '풀죽'/과거 완산동에서 김장하던 이야기/나눠먹는 계절음식
	의례문화	**관혼상제 등 의례 문화** - 주요키워드 : 끝까지 함께 했던 옛날 부부들/시집오면서 살게 된 완산동/어릴 때부터 익산에서 관성제를 지내러 완산동으로 왔어(부흥과 쇠락의 길)/집에서 지내는 관성제

유형구분	주제 분류	이야기 항목
	종교문화	전통신앙, 종교생활 및 활동과 관련된 문화 - 주요키워드 : 땅의 기운이 센 용머리고개 일대, 점집이 많음
	문화예술	풍물 등 마을 내의 문화예술 활동 - 주요키워드 : /서커스와 난장/꼬치산 정월대보름 풍속 및 과거의 놀이/완산칠봉 도민체조/완산동의 대보름날
	공동체문화	부녀회 등 마을 내 공동체 문화 - 주요키워드 : /마을에 있던 우물/집 한 채에 쌀 두가마니/과거 교육 이야기/나는 봉사왕, 역사가 깊은 완산구 해바라기 봉사단/소나무 아래쪽에 있어서 붙여진 이름, 송하경로당

<표 8> 마을이야기 분류 예시(전주문화재단 2017: 41-43)

이와 같이 마을 이야기의 체계적인 분류는 이야기의 재조합 과정을 통해 다양한 문화콘텐츠로 재 가공될 수 있다.

(3) 이야기의 활용 유형

문화재청은 문화재의 활용유형, 서비스 목표, 향유형태에 따라 분류하고 효율적인 활용 방안을 제안하였다 활용유형은 유교문화재형, 전통마을형, 유적지형, 자연·명승형, 근대문화재형, 무형문화재형, 역사 인물지형, 공공시설형 등으로, 서비스 목표에 따라 오락형(EN 엔터테인먼트-오락·몰입), 교육형(ED 에듀테인먼트-교육·정보), 감성형(EM 이모테인먼트-답사·감성) 등으로, 향유형태는 관광형(Tour), 답사형(Experience), 참여형(Program), 체류형(Stay) 등으로 분류할 수 있다(문화재청 2010: 8-12). 다음은 이와 같은 분류와 재조합을 통해 도출한 마을이야기 개발 방향이다.

구 분	Entertainment(EN)	Edutainment(ED)	Emotainment(EM)
관광형(T)	T-EN - 곤지망월 달맞이 축제 개발	T-ED - 완산동 캐릭터 개발 - 조형물 조성	T-EM - 완산동 마을 이야기 지도 개발
답사형(E)	E-EN	E-ED - 완산동 마을 미니 박물관(에코뮤지엄) 운영	E-EM - 완산동 빌리지 투어 운영
참여형(P)	P-EN	P-ED - 완산동 마을술사 교육과정 개발 - 완산동 문제은행 개발 - 완산동 컬러링 도안 개발	P-EM
체류형(S)	S-EN 트레킹 코스 개발	S-ED	S-EM - 마을술사 게스트하우스

<표 9> 완산동 마을이야기 개발 방향 예시(전주문화재단 2017: 38)

이와 같은 마을이야기 분류와 연계해 개발한 콘텐츠는 마을 문제은행이다. 이것은 마을술사 역할 수행을 위한 기본 지식의 확인과 마을술사 양성 교육과정의 교육·학습 역량을 강화, 교육 내용의 질적 평가 및 확인이 개발의 기본방향이다. 문제은행의 구성은 전주시 역사 문화에 대한 기본 이해, 마을술사 활동지역 시범 대상지의 역사와 문화에 대한 기본 지식, 역사 문화와 지리 자연환경 등에 대한 기본 이해도 확인, 상·중·하 난이도에 따라 편성되었다. 완산동을 대상으로 140문제를 개발하였으며, 2018년에는 서학동(2개 행정동)을 대상으로 200문제를 개발하였다. 전주시 33개동 대상으로 하면 3,300여 문제 이상의 개발을 예상할 수 있다.

마을 캐릭터 개발은 교육과정에 참여한 시민위원을 캐릭터화하고 완산동의 주요지점을 설명하는 도안과 완산동 용머리고개 초립동이 설화 캐릭터를 다음과 같이 개발하였다. 마을 컬러링 도안은 완산동 마을 풍경을 엽서 크기로 도안하였다. 소비자가 색을 칠해 그림을 완성할 수 있는 형태로 도안하여, 완산동 마을 미니 박물관 전시에서 체험용으로 활용하였다. 이 콘텐츠는 예상치를 뛰어넘는 인기를 얻었다. 2018년에는 전주시 서학동을 대상으로 마을 캐릭터 및 등신대 각 10종, 조형물 1종, 마을 컬러링 도안 12종 등을 개발하였다.

2) 공동체 참여형 콘텐츠

주민이 주체가 되는 공동체 참여형 콘텐츠는 〈마을술사 사업〉 중 주민참여 사업 추진체계 구축, 마을술사 교육과정 개발 및 운영, 마을 미니 박물관 운영, 마을 이야기 지도 개발 등이 해당한다. 〈마을술사 사업〉의 전반적인 진행의 주요점은 적극적인 주민 참여를 통한 마을 콘텐츠 개발과 주민 주도의 운영에 있다.

교육과정 개발 및 운영은 기존의 문화관광해설사 등의 교육방식과는 차별화하기 위해, 주민이 마을의 지도를 보고 이야기를 발굴해 나가는 방식으로 수업을 진행하였다. 조별 담임강사가 있고, 시민위원과 마을 콘텐츠를 공동 개발해가는 과정으로 구성되었다. 시민위원은 다양한 연령대의 지역 주민과 지역 청년 활동가 등으로 15인 이내로 구성되었다. 교육과정 개발 도식은 다음과 같다.

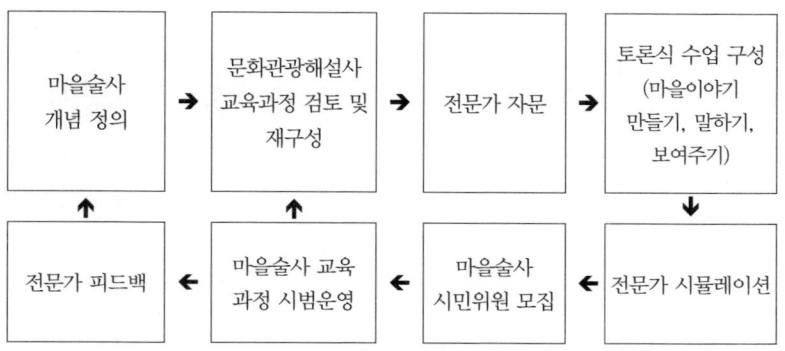

<표 10> 교육과정 개발 진행도(전주문화재단 2017: 48)

교육과정의 주요 개발 내용은 전주의 문화개론, 대상 마을에 대한 강좌, 마을 이야기 개발 강좌, 마을답사 프로그램 개발 강좌, 미니 박물관 운영 강좌 등 크게 마을술사 업무 별로 구성되었다. 1단계: 마을이야기 만들기, 2단계: 마을이야기 말하기(빌리지 투어와 연계), 3단계: 마을이야기 보여주기(미니 박물관과 연계) 등으로 개발하고자 하는 마을 콘텐츠와 연계해 진행되었다. 총 12차시 24시간의 교육과정 개발을 진행하였다.

마을 미니 박물관은 에코뮤지엄을 기조로 구성하되, 마을 내 하나의 지점을 정해 전시를 구성하였다. 이때 전시 관람객을 대상으로 마을 답사가 진행되었고, 교육과정에 참여한 시민위원이 마을술사로 해설을 맡아 진행하였다. 전시는 2차에 걸쳐 9일간 진행되었다. 전시 주제는 아카이브를 한자로 음역한 아가이부衙可利簿 '마을의 가히 이로운 기록'이었다. 주로 교육과정에서 조사·

발표한 자료를 시각화하였고, 마을 캐릭터와 마을 컬러링 도안 등을 함께 전시하였다.

마을 이야기 지도는 관광객을 포함한 일반인들도 쉽게 활용하도록 잘 알려진 랜드 마크(예수병원, 풍남문)를 포함하였다. 지도 앞면은 완산동 주요 지명을 포함한 지도로 구성하고 지도 뒷면은 교육과정 개발을 통해 구성한 답사코스 2개, 일반인 스스로 주요 장소를 선택해서 만들어보는 코스 1개, 총 3개 코스로 구성하였다.

3) 지역재생을 위한 콘텐츠

마을재생을 위한 활용과 활동에 연계한 지역재생을 위한 콘텐츠는 〈마을술사 사업〉 중 마을술사 교과서 개발, 마을술사 활용 및 조직화 매뉴얼 개발, 마을 여행 개발 및 운영, 동네 밥상 레시피 개발, 커뮤니티 공간 조성(게스트 하우스 조성) 등이 해당한다. 마을술사 교과서는 전주시 서학동을 대상으로 지리, 문화, 역사 등을 초등교육 교과 과정 수준으로 서술하고, 이것을 응용한 콘텐츠를 개발하여 수록하였다.

서학동 마을술사의 기본 교과서로 마을술사의 교재와 선발을 위한 문제은행 수록하고 내방객에게는 탐방지를 심층적으로 학습할 수 있도록 구성하여 활용할 계획이다. 주요목차는 다음과 같다.

목 차	주 요 내 용
1. 서학동 미리보기	개관, 지리, 역사 등
2. 서학동 느리게 걷기	문화, 트레킹 코스별 이야기 및 탐방로 등
3. 서학동 동네밥상 레시피	음식의 특징과 효능, 조리방법 등
부록 서학동 도전 골든 벨 서학동 그려보기	문제은행 서학동, 산성마을 캐릭터 등 컬러링 도안 수록

<표 11> 서학동 마을술사 교과서 주요 목차(윤지용 · 송영애 · 주종구 2018)

    2017년 개발한 마을술사 활용 및 조직화 매뉴얼에서는 빌리지 투어 프로그램 개발방안, 방과 후 학교 프로그램 개발 방안, 마을 술사 활동 및 커뮤니티 공간 확보 방안, 마을술사 커뮤니티 연계 조직화 방안 등의 마을술사 운영 매뉴얼과 지속성 확보 방안을 제시하였다. 마을 여행(빌리지 투어, 트레킹) 개발 및 운영의 성과는 다음과 같다. 2017년 완산동을 대상으로 빌리지 투어를 개발하고 시범 운영한다. 마을술사 교육과정 개발 과정에서 토론을 통해 완산동의 주요지점 도출하고, 시민위원만을 대상으로 한 실습을 통해 동선 등을 고려하여 두 개 답사 경로로 정교화 했다. 초록 고샅길(초록바위→꽃동산→삼나무숲→완산초등학교→기령당)과 완산 고샅길(완산교회→골동품점→완산사→강당재→옛 선교사 사택→옛 빙고→다가공원)을 개발하였다. 이것을 활용하여 완산동 마을 이야기 지도를 제작하고 해설을 붙였다. 시민 및 학생을 대상으로 한 시범운영을 완산동 마을 미니 박물관 전시 기간에 맞춰 진행하여, 마을에 대한 이해도와 체험도를 제고했다. 2018년에는 서학동의 자연환

경을 고려하고 주요 거점의 이야기를 발굴하여 트레킹 코스를 개발하였다. 전문가와 마을주민 등이 운영을 통해 평가 및 보완이 이루어졌으며, 서학동 마을이야기 지도도 함께 개발하였다.

동네 밥상 레시피 개발에서는 서학동의 찬, 과, 국, 음료 등 10종을 발굴, 음식의 조리과정(방법)을 현대적으로 개발해, 내방객을 위한 음식콘텐츠 서비스 매뉴얼로 활용할 계획이다. 이것은 향후 마을술사 커뮤니티 공간과 연계된 콘텐츠다. 이 공간에 마을술사 게스트(식당, 다방) 하우스를 조성해, 관광객에게 편의공간을 제공하고, 서학동 도보여행 정보제공 등을 통합관리하며, 서학동에 방문하는 관광객에게 식사, 도시락 등을 제공, 수익구조 개발을 위한 것이다.

4) 〈마을술사 사업〉의 과제

마을술사 교육과정을 통한 마을이야기 수집은 교육에 참여하는 주민의 성향에 의해 편차가 발생할 수 있다. 이미 알려진 이야기와 역사적 사건을 말하는 경우가 많았으며, 새로운 이야기의 발굴은 교육 참여자의 성격, 태도에 영향을 받는다. 주민은 평범하거나 소소한 이야기 거리이기 때문에 자신감 있게 말하지 못하기도 한다. 마을 이야기가 될 만한 것은 역사적인 것, 유명한 것, 교훈적인 것, 이색적인 것 등으로 인식하는 경향이 있다(전주문화재단 2017: 89-90). 그러므로 마을이야기 개발을 위한 강좌의 구성은 크게 스토리텔링 구성작업과 해설 기법 강의로 양분해 과거와 현재가 균형을 맞출 수 있게 구성해야 한다(전주문화재단 2017: 90-91).

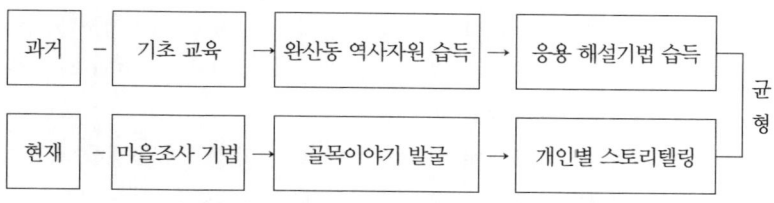

<표 13> 과거와 현재가 균형을 맞춘 강좌구성(전주문호-재단 2017: 91)

 풍성한 마을 이야기 개발을 위해서는 지역사(시사, 군지), 민속학 보고서의 수집과 더불어 마을을 소재로 한 시, 수필, 소설 등의 문학 작품, 신문 기사 등의 조사와 활용이 필요하다. 마을 주민의 이야기는 거주 기간과 활동 공간에 따라 수집할 수 있는 이야기의 한계가 결정된다. 이주자에 대한 조사는 초중등학교 동창회의 연락망을 활용하는 방안을 제안할 수 있다.
 마을 미니 박물관은 다양한 계층의 관람을 위한 장소 개발이 필요하며, 관내 주민자치센터 내에 마을 역사관 운영을 제안할 수 있다. 이에 대한 과제 등은 〈마을술사 사업〉을 통해 보완하고 있으며, 2019년 이후의 〈마을술사 사업〉에 대한 분석은 향후 과제로 남겨 놓는다.

【참고문헌】

김창주, 2016a, "전주미래유산: 기억과 사물의 변주", 『제1차 전주미래유산포럼 자료집』, 전주: 전주문화재단·전주시 사회적경제·도시재생지원센터.

_____, 2016b "전주미래유산은 어디에 있을까?", 『전북중앙신문』 2016.6.14. 일자

_____, "전주민화는 궁중민화?", 미발표 논문, 2018.

미하일 바흐찐, 이덕형 외 역, 2001, 『프랑스아 라블레의 작품과 중세 및 르세상스의 민중문화』, 파주: 아카넷.

문화재청, 2010, 『문화재 유형별 활용 길라잡이』

윤지용·송영애·주종구, 2018, 『두루미가 살았던 우리 동네, 서학동 이야기: 서학동 마을술사 교과서』, 전주: 전주문화재단

장명수, 2008, 『전주근대생활 조명 100년』 제2권 개정판, 전주: 전주문화재단.

전주문화재단, 2017, "마을술사 양성을 위한 마을이야기 및 교육과정 개발 컨설팅 결과보고서"

전주문화재단, 2017, 『전주시 마을조사 동심찾기 - 덕진동 마을조사서』.

조기호, 2016, 『전주성』, 전주: 신아출판사.

조옥라, 2000, "HRAF의 분류체계와 그 응용", 『민속기록 보존, 어떻게 할 것인가』, 서울: 국립민속박물관

| 4장 |

동문예술거리의 산책과 술책

동문예술거리의 산책과 술책[357]

1. 머리말

동문예술거리의 산책과 술책이란 제목으로 글을 시작한다. 산책의 뜻은 '느긋한 기분으로 한가로이 거닐음'을 말한다. 산책자로서 동문예술거리를 거닐며, 과거[358]와 현재의 변화를 관찰하였다. 이 과정에서 산책자가 느끼고 측정한 정성적 변화와 정량적 변화를 담았다. 변화란 무엇인가? 2012년 동문예술거리를 조성하며 세운 목표에 도달해 이 거리가 긍정적으로 변화하였느냐와 의도치 않게 변화한 것은 무엇인가를 추적하는 것이다. 전주문화재단 창립 후 10년간을 기록한 『함께 놓아 온 열 개의 디딤돌』에 의하면, "동문예술거리 조성사업은 동문거리의 가치를 새롭게 재조명하여 동문예술거리 브랜드를 구축하고, 시민과 예술인의 교류와 소통의 마련하여 지역 문화예술 활성화를 위한 사업이다(김창주 외, 2016: 68)."라고 정의하고 있다.

이 사업은 2012년부터 2016년까지 5개년 사업으로 시작했다. 1단계(2012~2013)는 거점공간 조성 및 네트워크 구축, 2단계(2013~2014)는 거점공간 및 네트워크 활성화, 3단계(2015~2016) 시민 문화예술·예술인 창작 플랫폼 구축 등이 단계별로 추진되었다. 이 과정에서 2013년 개관한 전주시민놀이터는 전국적인 화제와 선진지 사례로 부각되며 성공적인 운영으로 평가[359]를 받았다. 그 화제의 중심은 24시간 시민의 자율적 운영에 있었고, 이 운영기법을 배우기 위해 전국의 문화단체와 기관들이 전주시민놀이터를 찾고 있다. 2016년 한 해 기준 전주시민놀이터는 2,616회를 대관해 20,571명의 시민과 예술가가 이용하였다.[360] 즉, 당초 세운 5개년 목표인 거점공간과 창작 플랫폼 구축 및 활성화에 대한 성공적인 성과를 거두었다.

반면에 부정적 평가 역시 있었다. 2012년 동문네거리를 중심으로 창작지원센터 1호점과 2호점이 조성되면서, 전월세 상승의 직접적 원인이 동문예술거리 조성사업에 있다고 보고, 이 사업을 주최·주관하는 기관과 단체에 항의하는 예술가와 상가주민들이 있었다. 즉, 전월세 상승으로 이곳에 터를 잡은 예술가와 상가들이 떠나게 되는 젠트리피케이션 발생에 대한 부정적인 평가였다. 공적자금이 지원되면서, 그 혜택이 예술가와 지역 상가주민들에게 선순환하지 못하고 있어, 건물주만 혜택을 받는다는 비판이다. 건물주는 이에 대해 전보다 많은 세금을 내고 있다고 말하기도 한다. 이런 비판과 같이 동문예술거리의 선순환 구조는 존재하지 않는 것인가? 존재하지 않는다면 그것을 구축 또는 회복하기 위해 어떤 노력이 필요한가?

전라북도와 전주시의 본격적인 사업 시행 이전인 2012년에 발행된 『동문예술거리 조성을 위한 공간현황 전수조사 연구』는 주민의견을 종합해 예상되는 문제점과 해결을 위한 제언을 제시하고 있다(전북대학교 고고문화인류학과 BK21사업단 2012: 122~125). 당시 주민들은 기존 사업에서 주민 의견이 반영되지 않은 것에 대한 불만, 세입조건의 변화에 대한 불안감, 일부 주민만 혜택을 받게 될 것이란 생각, 이전의 거리 활성화 사업과 다를 바 없다는 생각, 건물 노후화로 인한 임대 부담감 등의 불만과 불안, 우려를 표하고 있다. 또한 거리 활성화에 대한 상像은 1980년대 이전의 활기찼던 상권의 회복이었다. 이에 대해 조사단[361]은 주민과 함께하는 사업 집중 검토회 개최, 세입조건에 대한 제한 또는 가이드라인 제정, 공간보수에 대한 지원, 거리의 연속성 확보 방안 등을 제안한다.

조사단은 2012년 이전 동문거리의 사업들이 "이해주체 간의 경쟁으로 인해 실패"했다고 분석하고 있다. 그 경쟁이란 것은 상인, 예술가, 주민, 건물주 등 여러 주체의 기억이 있음에도 불구하고 특정 기억의 자원만을 활용하여 "어떻게 꾸밀 것인가에만 집중하면서" 문제가 발생했다고 해석하고 있다. 다시 말하면, 상인들은 문화예술을 활용한 동문거리의 활성화가 아닌, 상품이 잘 팔리던 1980년대 이전의 상권 회복을 위한 직접지원에 대한 요구였고, 예술가는 거리 조성을 통한 활성화 보다 예술가에 대한 직접지원을, 건물주는 낡은 건물에 대한 보수를 원하면서, 각자가 가진 기억을 중심으로 동문거리의 정체성을 만들어 우선 또는 직접지원 받으려고 했다.

이에 대한 해결책으로 조사단은 동문거리에 대한 기억과 "향수를 재구성하기 이전에 동문에서 움직이는 사람들의 마음을 모으는 것이 우선(전북대학교 고고문화인류학과 BK21사업단 2012:125)"되어야 한다는 결론을 내리고 있다. 공공기관의 특성상 이 명제는 어느 것보다 상위에 있고, 또한 실현을 위해 노력해야 한다. 그럼에도 불구하고 정책이란 것은 근본적으로 명암이 존재한다.

주민의 이익이 우선이지만, 시민의 이익이 우선인 순간이 있고, 때로는 국민의 이익이, 때로는 세계인의 이익을 우선 고려해 추진하는 것이 정부 또는 공공기관의 정책362)이다. 마음을 모아가는 과정은 시간이 필요하다. 2012년 동문예술거리 조성 시 예상되었던, 불만, 불안, 우려는 시간의 흐름 속에서 여전히 남아 있을까? 이와 같은 문제의식을 품고 산책자들은 동문예술거리를 거닐었다.

2012년 동문예술거리 조성 당시 구간은 동문네거리를 중심으로 네 개의 구간으로 나눠진다. 동문네거리에서 전주게스트하우스(어진길 78)까지 1구간, 동문네거리에서 전주시민놀이터(현무2길 38)까지 2구간, 동문네거리에서 썬플러스(팔달로 168)까지 3구간, 동문네거리에서 한옥마을1주차장(기린대로 99)까지가 4구간363)이다. 이 중 산책의 범위는 다음과 같다. 2017년 사업구간인 전주게스트하우스부터 동문네거리를 거쳐 충경로를 건너기 전인 양평해장국(충경로 100)까지의 일직선 구간364)으로 정했다. 이것은 1구간과 2구간 일부에 해당한다. 산책자들은 이 구간에 한하여 2012년 조사된 설문내용과 동일한 내용으로 전수조사를 진행하였다. 나머지 구간에 대한 분석은 향후 연구과제로 남겨 놓는다.

2. 동문산책

　동문예술거리는 어디에서 시작하는가? 누군가 동문에서 만나자고 한다면, 아마도 동문네거리 어디쯤을 떠올리지 않을까? 동문예술거리의 시작을 알리는 이정표는 경기전의 북측 담장 맞은편의 전주게스트하우스(어진길 78)에 있다. 경기전이란 상징적인 공간을 끝으로 새로운 공간이 시작됨을 알리고 있다. 흔한 이정표처럼 세워져 있진 않지만, 언제 세워졌는지는 알 수 없어 아쉽다. 아마도 2012년 이후 세웠을 것이다. 이 기점을 시작으로 동문네거리를 바라보며 천천히 걸어본다. 생각해보면, 이 길은 전주사람들에게는 '동문에 가는 길'이다. 더 정확하게는 '동문이 있던 네거리'로 가는 길이다. 동문으로 이어지던 성곽이 해체되면서 생긴 길이므로 이 길의 이야기는 1907년부터 시작할 것이다.

　동문예술거리의 추상명사 예술은 이 거리 어디쯤에 걸려 있을까? 요즘 인기를 얻고 있는 객리단길처럼 있는 그대로 동문길이라 했으면, 이런 고민을 하지 않았을까? 이 길의 도로명 주소는 경기전길이다. 동문 보다 역사적 상징성을 가지고 있으며, 현존하는 '경기전으로 가는 길'인 것이다. 경기전길은 2017년 사업목표와 같이 충경로를 만나는 지점에서 끝난다. 동문예술거리를 알리는 이정표 앞에서 충경로를 바라보고 서면 왼쪽은 경원동이고 오른쪽은 풍남동이다. 2006년 전주문화재단의 전수조사에 의하면 오른편 어진길에는 74채의 일본 양식 주택이 남아 있었다. 이 집들은 일본강점기 금융기관과 공공기관의 관사와 사택이었다. 지금도 몇 채가 눈에 띄지만, 지금은 한옥마을이라 불린다. 기억은 이렇게 재구성된다.

동문네거리에 도착하면 이곳이 동문이 있었던 자리임을 기념하는 비석이 남아있다. 충경로를 바라보고 서면 왼쪽과 오른쪽은 동문예술거리의 3, 4구간이다. 이 구간에 해당하는 왼쪽은 일제강점기에 대정정 4~5정목, 오른쪽은 대정정 6~7정목으로 불렸다. 이곳은 "고서 노점상이 죽 있"었고, "전주의 지식인들이 전부 이 고서점에서 책을 사"던, 낭만 있던 학생들의 통학로였다(장명수 2008: 537). 2012년 동문예술거리는 이 3~4구간의 문화자원을 바탕으로 조성을 계획하였으나, 공모사업의 선정 후 1~2구간이 추가되었다. 여기에는 전주한옥마을과 지금의 한국전통문화전당을 연결하고자 하는 전주시의 의도가 있었다. 이에 대해 당시 문화예술거리 조성사업의 오○○ 심사위원은 이 정책 방향에 대해 다음과 같은 이유로 반대하였다.

> "처음에는 어떻게 했을까요? 어느 구간을 가지고 신청을 했을까요? 제가 이 질문을 여쭙는 이유는 처음에는 직선이었어요. 그런데 선정이 됐지요. 되고 나서는 십자로 바뀌었어요. (중략) 공간이라고 하는 거는요. 한번 절단이 되면, 봉합하기 무지하게 힘들어요. 그래서 그 당시에 일자로 신청을 했는데 갑자기 십자로 바뀌어서 하겠다고 하시더라구요. 근데 안 됩니다. 라고 했죠. 심사위원이었으니까요. 안된다고 한 이유는 (중략) 십자로 하게 되면 네 덩어리로 쪼개지는데. (하략)"365

오○○ 위원은 당시 전주시의 정책 방향과는 다르게 동문예술거리를 충경로를 넘어 확장하는 것은 "무지하게 힘"든 일이라고 말하고 있다. 2017년 사업 심의에서도 오○○ 위원 외 심사위원은 같은 이유로 사업구간에 대한 변경을 요청하였고, 2017년의 사업구간은 1구간부터 충경로 이전 2구간 일부로 한정해 추진하였고, 3~4구간은 제외되었다.

이와 같은 의견은 2012년 조사단의 연구에서도 확인할 수 있다. "농협 앞 충경로로 인해 사업구간의 단절을 예상"하고 있으며, "주민들은 개선방안으로 육교 또는 지하보도를 추천"하였고, 한국전통문화전당 "일대 빈 공간이 듬성듬성 있어 거리 자체의 연속성 확보도 고민해야(전북대학교 고고문화인류학과 BK21사업단 2012: 125)"한다고 제안하고 있다. 이것의 대안으로 전주시민놀이터가 2구간의 끝에 2013년 자리 잡게 된다.

예상했던 우려는 현실이 되었을까? 고민을 안고 동문네거리에서 충경로로 발걸음을 옮긴다. 1980년대 이 사거리는 민주화를 외치는 학생들의 화염병과 이것을 막는 최루탄이 날아다니는 전장이었다. 지금은 청년들의 대안음악 공간인 청년음악극장(구 창작지원센터)이 있다.

이곳에서 청년들은 자신들의 꿈과 미래, 일상의 부조리를 통기타 선율에 담아 소박하게 노래하고 있다. 여전히 청년들은 자신들이 꿈꾸는 미래를 노래하고 있다. 선배들의 신념과 투쟁 끝에 화염병의 불꽃은 통기타의 선율로 변주했다. 청년음악극장은 충경로로 인해 절단된 2구간을 전주시민놀이터와 잇는 거점이다. 충경로에는 처음 이 길이 생겼을 때 없었던 신호등과 맞은편에는 일주문이 몇 해 전 시설되었다. 그 문에는 '한국전통문화전당길'이라고 쓰여 있다.

다시 말해 이미 일주문부터 전주시민놀이터까지는 동문예술거리라는 이름 대신에 한국전통문화전당길이라는 명칭이 크고 화려하게 새겨져 있다. 이 길의 도로명 주소는 현무2길이다. 세 가지 명칭이 경합하고 있는 현무2길을 문화예술의 거리로 조성하는 것은 전주문화재단만의 독점적인 업무가 아님을 시사하고 있다. 현무2길을 어떤 길로 만들 것 인가는 한국전통문화전당과 긴밀한 논의가 필요한 시점이다.

이 논의는 향후 과제로 남겨 놓고 산책자는 청년음악극장에서 다시 뒤를 돌아 경기전 방향을 바라본다. 이곳에서 동문예술거리라는 이정표가 있는 곳까지 일직선으로 난 길이 2017년의 사업구간이다. 총 301m로 5분 정도면 걸을 수 있는 거리다. 이 거리의 점포들은 2012년과 비교해 어떤 변화가 있었을까?

전체적인 인상은 동문예술거리를 알리는 이정표가 전주게스트하우스(경기전길 78) 앞에 있지만 동문예술거리라고 불릴 만한 유형적 모습은 찾아보기 힘들다. 경기전길 23(써드웰)에 2층 건물 1개가 신축된 것을 제외하면, 건물의 디자인과 거리가 크게 바뀐 것은 없으며, 간판과 업종만이 바뀌었지만, 몇 가지 긍정적인 변화를 발견할 수 있었다. 〈표 1〉은 2012년과 2017년의 업종별 비교표이다.

2012년과 비교하여 늘어난 업종은 편의점, 음식점, 주점, 커피숍, 게스트하우스, 마사지숍, (기념품)판매점, 사무실, 사진관, 관광대여업 등이다. 이에 비해 원주민이 사용했을 법한 심리상담소, 점집, 미용실, 부동산사무소, 당구장, 동네슈퍼 등은 사라졌다. 또

<표 1> 2012년과 2017년의 업종별 점포비교(2017.12.1.기준)

업종	편의점	음식점	주점	커피숍	공연장	게스트하우스	마사지숍	판매점	사무실	사진관	관광대여업	심리상담소	점집	미용실	부동산사무소	당구장	동네슈퍼	수리·수선등	인쇄소	학원	은행	병원	세탁소	제과떡집	공예제작
2012	1	6	3	2	1	1	1	0	2	0	0	1	1	1	1	1	1	7	7	4	2	1	1	2	4
2017	3	7	7	4	2	2	2	2	3	1	3	0	0	0	0	0	0	2	4	3	2	1	1	2	4

한 수리·수선·설비업, 인쇄소, 학원 등은 줄었으며, 은행, 세탁소, 제과떡집, 공예제작점은 그대로 수를 유지하고 있다. 즉, 관광객을 대상으로 한 점포는 늘었고 원주민을 대상으로 한 점포는 줄었다. 2012년과 비교해 점포수는 51개에서 55개로 늘었고, 빈 점포는 6개에서 3개로 줄었다. 임대중인 점포는 2012년 한 곳도 없었지만 2017년에는 7개로 늘었다. 임대 중인 점포 7곳 중 6곳은 모두 경원동 쪽에 위치해 있었다. 경기전길 14와 14-1, 16은 현재 임대 중이며, 맞은편 경기전 13은 임대 예정으로 동문네거리

업 종	2012	2017
빈 점포	6	3
임대중	0	7
복합공간	0	6
자리이동	0	6
점포수	51	55

<표 2> 2012~2017 점포비교

에서 충경로 방향의 업소는 상대적으로 전주한옥마을의 낙수 효과를 적게 받고 있는 것으로 보인다. 역동적인 변화를 내포하고 있다.

동문거리 내에서 낮은 전월세를 찾아 이사하거나 좋은 목을 찾아 이동한 업소는 6곳이다. 이 업주들은 동문을 떠나고 싶어 하지 않는다. 예를 들어 신명세탁소는 경기전과 가까운 경기전길 43에서 현재는 충경로와 가까운 경기전길 4로 이전하였다. 즉, 상대적으로 전주한옥마을에서 멀리 이전했다. 반면에 소금인형은 동문길 105에서 동문네거리의 중심지인 동문길 71로 이전하였다.

2012년에는 복합공간이 한 곳도 없었지만, 현재는 6곳으로 늘었다. 2012년에는 업태의 성격이 분명했지만, 현재는 복합적인 형태로 변화하고 있다. 복합공간은 신명세탁소(세탁소, 수제 봉제 인형 판매), 소금인형(주점, 라이브 음악 연주), 행복한문화센터(공예품 제작 판매, 체험), 써드웰(커피숍, 미술전시장), 일구오공카페박물관(커피숍, 박물관), 청심애조·수피아(조류판매, 목공예) 등 6곳이다. 전시, 박물관, 체험, 공연 등이 가능한 복합공간이 늘어난 것은 긍정적인 변화이다. 이것은 이곳을 찾는 소비자들의 욕구에 맞추어 진화한 생존 전략이다. 젠트리피케이션 발생에도 불구하고 긍정적 변화로 발견된 복합공간들은 주요한 특징을 가지고 있다. 그것은 청년문화를 대변하고 있다는 점이다.

동문네거리의 써드웰과 그 맞은편에 있는 소금인형을 예로 들면, 써드웰은 커피숍이지만, 지속적으로 지역의 신진 미술가를 발굴해 전시와 지원을 이어가고 있다. 이들 작품들은 그저 이발소 그림처럼 아름답지 않다. 사회 비판의 알레고리를 담고 있다. 소금인형은 주점이지만, 통기타 또는 피아노와 같은 악기를 연주하며 노래할 수 있는 사람만이 무대에 오를 수 있는 규칙을 정해 이 규칙에 부합하면 누구나 무대에 오를 수 있다. 이것은 노래방 문화와는 다른 것이다. 일정 수준 이상의 음악적 소양을 갖춘 사람만 무대에 설 수 있는 차별성을 가지고 있고, 그들이 부르는 노래의 선곡 역시 차별성을 가지고 있다. 그것은 사춘기 다음에 온다는 청년들의 오춘기에 대한 이야기와 신랄한 기성 정치 비판으로 이어지는 청년문화를 담고 있다.

이러한 일부 긍정적 변화가 동문예술거리에 일반화되었다고 단정 짓기는 어렵다. 분명한 것은 민간의 문화예술에 대한 투자가 나타나고 있다는 점이다. 이 변화가 전주한옥마을의 낙수 효과인지, 동문예술거리 조성의 결과인지는 명확히 규명할 수는 없다. 2012년 동문예술거리가 조성된 후 많은 예술가가 떠나고, 정든 가게들이 다른 곳으로 이사를 갔다고 말한다. 이 역시 전주한옥마을 때문이지, 동문예술거리 조성사업 때문인지, 그들의 자율 의사였는지 명확히 규명할 수 없다. 분명한 것은 2017년 전주문화재단이 동문기획단을 구성하면서, 13단체 100여 명의 청년들이 동문거리 일대에서 활동하고 있으며, 세대교체가 이루어졌다는 점이다. 동문예술거리의 선순환 구조 지속을 위해 놓치고 있는 것은 무엇일까? 기억을 더듬어 본다.

3. 동문변주

동문거리의 선순환 구조를 회복하기 위해서는 무엇이 필요한가? 결론부터 말하면 호혜적 관계의 회복이다. 어떤 선순환 구조가 있다고 가정할 때 그 관계에서 누락된 지점에 서 있는 주체는 누구일까? 동문예술거리의 선순환 구조 회복을 위해 필요한 주체는 청년이다. 동문거리에 필요한 것은 문화예술에 대한 지원, 상업 활성화에 지원, 옛 동문의 향수와 기억의 복원을 통한 활성화와 같은 추상적인 명제가 아닌, 지원과 투자의 대상을 명확히 해 바라보면, 청년이 보인다. 전주한옥마을이 오늘의 명성을 가지게 된 것은 많은 선배들의 혜안과 실천이 있었지만, 지금의 전주한옥마을에서 한복을 입고 노는 문화를 만들어 낸 것은 청년이다. 화려했던 동문에 대한 과거 기억 속에서 잊어버린 청년의 모습을 찾아보았다.

동문거리에서 가나다라 서점을 운영했던 이화욱[366] 옹은 "이 동문로를 죽 가면 전여고, 전주여중, 전주상고, 전주북중, 전고 이 학교들이 이 동문로로 전부 다녔어요. 신흥학교 기전학교는 저쪽에서 거꾸로 내려오고 성심학교도 이쪽으로 나오고 그러면은 고서점 앞으로 전부들 오는 거예요. 학생들이 비싼 돈 주고 책 살 경제적인 여력이 없으니까 헌 책들을 구입했어요. 그때 전주의 지식인들이 전부 이 고서점에서 책을 사고 그랬어요. 50~60년대 그때만 해도 길은 좁고 그러니까 대개 저녁 5시쯤 하학시간이 되면 학생들이 꽉 들어차서 이쪽에서 오고 저쪽에서 오고 남학생 여학생이 섞여 가니까 로맨스도 좀 있었고 상당히 낭만적(장명수

2008: 573)"인 길이었다고 회상한다.

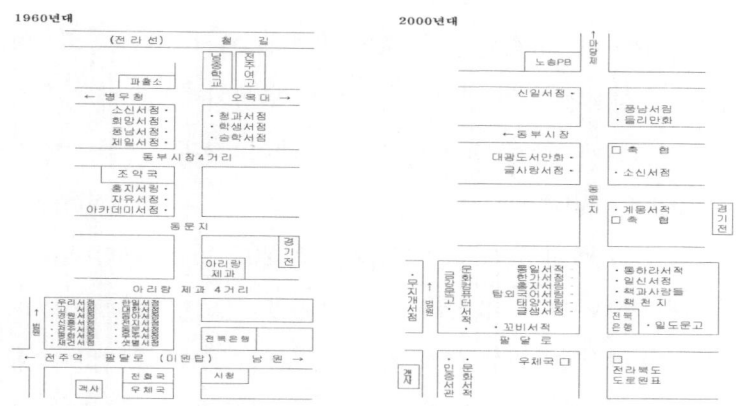

〈그림 1〉 1960년대와 2000년 동문거리 서점 현황

〈그림 1〉은 1960년대와 2000년대의 동문거리 서점 현황(이상우 2000: 136-137)367)이다. 이 그림이 『경찰문학』에 발표된 것이 2000년 이므로 우측의 2000년대라는 표현은 잘못된 표기다. 즉, 이 현황은 2000년을 넘지 못한다. 이것을 보면 적어도 2000년에는 동문거리에 꽤 많은 서점이 있었다는 것을 알 수 있지만, 동문예술거리 조성사업의 본격적인 시작 전인 2012년에 조사된 헌책방은 단 3곳(전북대학교 고고문화인류학과 BK21사업단 2012: 64)뿐이었다. 즉, 동문예술거리 조성사업으로 서점이 이전했다는 것은 사실이 아니다. 2017년 현재는 일신서림(동문길 120), 한가네서점(동문길 102) 등 2곳의 헌책방이 남아 있다. 이제는 거의 사라져버린 헌책방은 이화욱 옹의 기억처럼 동문거리에 대한 향수로 남아 있다. 이런 기억과 향수를 어떻게 활용하면 동문예술거리를 활성화 시킬 수 있을

까? 동문거리의 상가 주민, 예술가, 청년들의 선순환 구조를 회복하기 위해서는 어떤 사업을 펼쳐야 할까?

과거 동문거리 부근에는 28개의 수제 양복점이 있었다. 춘하추동 업주는 "양복점을 운영한지는 34년이 되었지. 26살 때 양복점을 시작했으니까. 양복 재단 일을 처음 배워서 했을 때는 17살이니까, 올해로 43년째(전북대학교 고고문화인류학과 BK21사업단 2012: 91)"(2012년 현재) 양복을 재단하고 있다. "소비자들은 간혹 D.C. 안되냐고 물어보는데, 절대 그런 것 없어(전북대학교 고고문화인류학과 BK21사업단 2012: 94)"라며 자신의 일에 대한 자부심도 볼 수 있다. 성업일 때는 18~20명의 재단사가 함께 일했다. "그땐 이쪽에 학교가 많았어. 그래서 학생들이 교복도 많이 맞춰 입고 그랬(전북대학교 고고문화인류학과 BK21사업단 2012: 97)"다며, 과거를 회상한다. 그는 당시 60만 원의 자금으로 양복점을 개업해 지금까지 운영하고 있다. 그는 지금말로 하면 생산 수단을 소유한 청년 창업자다. 그 많은 양복점의 옷은 누가 입었을까?

충경로가 나기 이전 동문거리는 퇴근 무렵이 되면 사람들의 머리 색깔 때문에 길이 "새카매"졌다. "지금 장가네 거기 있지? 그 길이야. (중략) 그래갖고 비나 와봐, 얼마나 알록달록 우산이 말야, 참 예뻤어. 그때는. 그때는 진짜 예뻤어. 그런데 학교들 (이사) 가고 (충경로) 길 나고 하면서부터 그런 게 없어지고, 그래서 상권이 죽은 거야, 여기가(전북대학교 고고문화인류학과 BK21사업단 2012: 106)" 그 길은 비가 오면 알록달록 아름다운 색깔로 채워졌다는 구술이다. 야채가게 할머니는 "애들 소풍가는 날 시금치 12관 팔아봤당게(전북대학교 고고문화인류학과 BK21사업단 2012: 107)"라며, 당시에는 동부시장 야채 품질이 가장 좋고, 가장 비쌌다며 회상한다. 1990년 개업한 신발가게 주인은 "추석에는 하루에 300만 원도 팔았어. 신발을. 그때 신발 비싸봤자 2만5천 원, 3만 원이었(전북대학교 고고문화인류학과 BK21사업단 2012: 114)"다고 말한다.

  2002전주월드컵에 맞춰 심홍재 행위예술가, 강은자 '새벽강' 대표, 성기석 동문거리신문 편집장 등 7명[368]의 예술가와 문화기획자, 상가 주민들은 동문거리축제추진위원회를 구성한다. 성기석은 "동문거리의 잠재된 문화 역량을 탐구하고 풀어내는 축제를 준비하는 동안 침체된 동문거리가 시민들이 호흡하는 살아있는 공간", "상인과 이용자, 예술가 등이 어우러지는[369]" 축제를 계획한다. "이들은 동문거리에 있는 상가들의 역사와 특징, 거리에 얽힌 추억을 사진과 수기, 인터뷰에 담아 동문거리신문을 발행, 소시민의 생활사를" 기록하고, "동문거리문화지도와 동문거리 다큐멘터리 〈장소도 시간도 아닌, 그리고…〉를 제작함으로써 축제의 준비과정을 하나의 배움의 장이자 소통의 장으로 만들었다[370]"는 평가를 받는다.

  당시 『전북일보』는 이 축제를 "추억을 코드로 거리를 시민들에게 되돌려준 축제[371]"라고 정의하고 평가한다. "시민들의 의견을 수렴하는 간담회와 세미나를 지속적으로 개최, 축제 기획에 반영하겠다고 약속했다[372]"는 기사의 내용처럼 이들은 시민의 참여와 시민이 주체가 되는 축제를 표방하고 있다. 2003년 청년들이 모여 민간단체 공공작업소 심심을 구성하면서, 동문거리축제와 다양한 문화사업을 펼친다. 이들은 동문거리 등 구도심권 활성화 운동을 위해 "우선 주민들이 스스로 이 거리가 가진 자산과 소중한 가치를 깨칠 수 있도록 돕는373)" 작업을 이어간다. 두 경우 모두 시민과 주민이 주체가 되어야 함을 전면에 내세우며, 사업을 진행하지만, 쉬운 일은 아니었다.

> "이런 사업들은 흔히 '치고 빠지는' 전략을 쓴다. 사업을 따낸 외부 단체들이 단기간 동안 사업을 수행하고 이후 관리는 나몰라라 하는 경우가 대부분이다. 그러나 동문거리의 가로디자인 사업은 다르다. 동문거리로 들어가 구도심 살리기에 앞장서 온 공공작업소 심심이 전북대 도시설계연구실과 함께 진행해 왔기 때문이다. "물론, 주민들과의 커뮤니티를 유지하는 게 가장 힘들죠. 하지만 우리가 따뜻한 시각을 가지고 창조적으로 개입한다면, 그 개입이 주민들 삶에도 변화를 일으킬 수 있다고 생각합니다."374)

치고 빠진다는 표현은 공적 자금이 지원되던 문화사업이 그 자금이 끊기면 지속성을 확보하기 어려운 현실을 말하고 있다. 이와 달리 공공작업소 심심은 공적 자금 지원 이후에도 사업의 지속성 확보를 위해 고민하고 있음을 알 수 있다. 이들은 지속성 확보의 방안으로 주민의 커뮤니티 형성을 대안으로 내세우고 있지만, 그것을 유지하는 것에 대한 어려움 역시 토로하고 있다. 그것을 유지하기 위해서 청년들은 "따뜻한 시각을 가지고 창조적으로 개입한다면, 그 개입이 주민들 삶에도 변화" 시킬 수 있다고 생각하고 있다. 청년들의 순수한 애정과 열정을 느낄 수 있지만, 이 진정성은 생각처럼 동문거리 내 일부 상가 주민을 변화 시키지 못하고 갈등으로 이어진다. 동문거리의 코끼리 그림의 변주는 이것을 상징적으로 보여준다.

〈그림 2〉는 왼쪽부터 코끼리 그림이 변화한 시간의 순서에 따라 나열한 것이다. 이 그림은 동문예술거리 4구간 끝에서 볼 수 있다. 왼쪽 그림은 동문거리에서 공공작업소 심심이 활동했을 당시 신가림 작가가 그린 것이다. 이후 중간의 코끼리 그림의 머리 부분에 가로등 자동 점멸기가 무심히 붙어 그림을 훼손하고 있다. 예술 보다 생활의 편의가 앞선 것이다. 이것은 예술을 소재로 동문거리에서 활동하던 청년 작가들이 받았던 상처를 상징적으로 보여준다. 오른쪽 그림은 2012년 전주문화재단이 동문예술거리추진단을 꾸리면서 제작한 〈동문거리문화예술지도〉에 나온 코끼리 그림이다. 전기 단자 때문에 머리가 없어진 코끼리를 '부끄럼쟁이 코끼리'라고 재해석하고 있다.

〈그림 2〉 동문거리 코끼리 그림의 변주

또 다른 예 중의 하나가 깡통화분 사건이다(전북대학교 고고문화인류학과 BK21사업단 2012: 79). 나무 한 그루 없는 동문거리에 폐품인 드럼통을 재생해 그림을 그리고 나무를 심어 배치해 놓았지만, 일부 상가 주민들은 차량소통에 방해만 되는 애물단지로 비난을 한다. "혹자 중에는 공공사업 명목으로 들어온 돈을 벽화나 그리고 알량한 깡통화분 몇 개 놓은 것으로 때운 것은 아닌가 하는 의심의 눈초리를 보내기도 했다(전북대학교 고고문화인류학과 BK21사업단 2012: 80)." 이 오해는 공적 자금의 지원 특성 때문에 발생한 것이다. 공적 자금의 지원이 갈등으로 이어지는 궁극적인 이유는 그것이 공정하게 분배되었느냐에 있다. 즉, 당시 상인들은 문화예술을 통한 동문거리의 활성화가 직접적으로 본인들에게 이익이 되지 않으며, 문화예술에 치중해 공정한 분배가 되지 않았다고 생각한 것이다.

2007년 8월 동문상인회는 독자적인 상인회를 결성하고, 2009년에는 50억 원의 국가 보조금을 지원받아 직접 사업을 수행하게 된다. 이후 지금은 중년이 된 공공작업소 심심의 청년들은 동문거리를 떠나게 된다. 이후 상인회 역시 공적자금 분배의 공정성에 대한 의심을 받게 된다.[375] 문화예술을 통한 활성화든 상업 활성화를 위한 지원이든, 이것은 결국 공적자금이 공정하게 분배되었느냐의 문제로 귀결된다. 여기서 문제를 제기할 수 있다. 이 공적자금의 분배를 민간단체가 수행하는 것이 효율적일까? 2002년부터 2007년까지 동문거리에서 펼쳐진 사업들을 보면, 거기에는 청년들이 있다. 왜 청년들은 그들의 진정성은 외면 받은 채 상처를 받고 동문거리를 떠날 수밖에 없었을까?

2002년부터 2007년까지 청년들은 주민과 시민의 의견을 모아 동문거리를 활성화하기 위해 노력했다. 그 노력에는 종자돈이었던 공적자금 이외에도 더 많은 부분을 그들의 열정이 차지하고 있다. 열정만으로는 삶을 지탱할 수 없다. 공적자금의 지원은 공정한 분배에 초점이 맞춰져 있다. 수익을 내서도 낼 수도 없다는 말이다. 공정한 분배와 지원, 따뜻한 시선으로 주민의 커뮤니티를 형성하고 유지하는 일은 전문성을 갖춘 공공기관이 해야 할 일이다. 지원이 분배라면, 투자는 수익에 목적이 있다. 동문예술거리의 선순환 구조를 구축하기 위해서는 청년에게 지원의 일을 맡기거나, 또는 지원의 대상으로 보는 것이 아니라, 투자의 대상으로 보는 생각의 전환이 필요하다.

그 가능성을 2017년 13단체 100여 명의 청년들로 구성된 동문기획단에서 보았다. 매달 셋째 주 토요일에 열린 동문예술장터에 청년들은 자신들이 만든 공예품과 예술작품을 판매하였다.[376) 이 청년들의 수입은 동문거리 내 상가로의 소비로 이어지면서, 청년과 상가 주민과의 관계가 형성되기 시작했다. 공연단체 포폴라는 전주다움 콘서트를 운영해 수익금 전액을 동문거리 관내의 풍남동주민센터 등에 기부하였다.[377) 이후 상가 주민들은 무료로 음식 등을 내놓거나 청년들의 활동에 동참하면서, 이들의 활동을 지원하고 있다. 물론, 이것은 아직 일부의 변화된 모습이다. 공적자금이 아닌 수익금이 형성되면서 동문예술거리에서 선순환 구조가 형성하고 있는 것을 목격한 것이다.

4. 동문술책

흔히 동문거리의 콘텐츠를 떠올리면 예술가들이 출입하는 주점(술)의 문화와 2000년까지만 해도 있었던 헌책방(책)거리를 떠올린다. 본장의 동문술책이란 의미는 이 각각의 콘텐츠와 어떤 일을 꾸미는 방법을 뜻하는 술책의 의미를 동시에 지닌다. 앞서 말한 긍정적 변화를 지속하기 위해서는 어떤 술책이 필요한가? 동문예술거리의 상인, 예술가, 주민과의 관계에서 누락된 관계인 청년을 그 관계에 편입시키고, 이들을 지원이 아닌 투자의 대상으로 생각하는 인식의 전환을 통해, 동문예술거리 내에서 창업과 창직을 유도해야 한다. 그것을 유도할 전문공공기관은 한국전통문화전당, 전주정보문화산업진흥원, 전주문화재단이다. 이 기관들은 동문예술거리 내에서 시설을 운영하고 있다. 협업의 필요성을 시사하고 있다.

청년들에게 생산수단을 소유하게 함으로써 수익을 얻게 하고 그것이 동문예술거리 내 구성원의 관계와 선순환 구조를 회복하게 한다면, 어떤 생산수단을 갖게 해줄 것인가? 그 창업과 창직 소재는 전주의 역사적 맥락과 현 동문예술거리에서 나타나는 현상에서 찾아보았다. ① 1인 출판사, ② 전통술, 수제맥주를 생산하는 술도가, ③ 한복 입기에서 수제옷 재단사 양성, ④ 1인 기업형 시나리오 작가, ⑤ 1인 기업형 작곡가 등에 대한 투자와 유치다. 반드시 이런 장르일 필요는 없지만, 생태계를 구성할 수 있는 소재에 대한 연구가 필요하다. 예를 들어 희곡 작가 한 사람의 훌륭한 작품이 탄생하면, 배우, 미술인, 음악인 등의 인적 자원이 연쇄적으로 필요한 구조를 만들자는 것이다.

과거의 역사와 기억을 통해 얻을 수 있는 것은 무엇인가? 그것을 재생산하자는 의미와 또는 그것을 더 이상 반복하지 말자는

데 의미가 있을 것이다. 이후 제시하는 이야기는 그것을 잘했다고 그대로 반복하자고, 말하는 것이 아니다. 또한 특정인의 거리와 기념비를 조성하자고 말하는 것도 아니다. 제시하는 과거의 이야기들은 해당 콘텐츠가 나아갈 수 있는 역사적 맥락을 제공하고 청년에게는 희망과 비전을 제시하기 위한 것이다.

1) 책과 출판

(1) 문학청년과 가림인쇄소

김승옥의 수필『산문시대』이야기(2004: 177-228)는『산문시대』의 탄생 과정에 대한 기록이다. 김승옥, 최하림, 김현이 1962년 6월에 창간한 이 문학동인지는 1964년 9월까지 3년 동안 5호를 내고 폐간된다. 마지막 호의 동인은 강호무·곽광수·김산초·김성일·김승옥·김치수·김현·서정인·염무웅·최하림 등 10명이었다(김승옥 2004: 180). "활판 인쇄는 엄두도 못 낼 걸로 아예 단념하고(김승옥 2004: 215)" 있던, 이들을 선뜻, "내가 당신들을 기르겠다(김승옥 2004: 216)"고 나선 것은 전주 가림인쇄소의 대표였다.

> "값이 쌀 뿐만 아니라 활자 모양도 깨끗하고 예쁜 델 찾았더니 드디어 전주에 그런 인쇄소가 한 군데 있어서 찾아갔더니 뜻밖에도 그 전주의 가림인쇄소 사장이란 분이 … 인쇄소에서 할 수 있는 일은 공짜로 해주겠다 … 우리는 귀를 의심할 만큼 기뻤다. … 사실『산문시대』가 제법 책꼴을 하고 발간될 수 있었고 계속해서 순조롭게 진행할 수 있었던 것은 거의 전적으로 이 가림인쇄소 김종배 사장 … 나중에 만나게 되는 김종배 사장이란 분은 … 인쇄소를 하게 된 것도 결코 장삿속으로서가 아니라 진실로

지역 문화를 발전시키겠다는 그의 이상에 의한 것이었다(김승옥 2004: 215-216)."

김승옥의 증언으로 전주의 가림인쇄소가 『산문시대』의 발간을 전적으로 도왔으며, 지역 문화를 발전시키겠다는 이상을 실천하고 있음을 알 수 있다. 『창작과비평』의 염무웅과 『문학과지성』의 김현과 김치수 등, "한국 문단의 중요한 두 계간지 편집진이 『산문시대』의 동인"으로 "『산문시대』의 자랑일 수 있을 것(김승옥 2004: 226)"이라고 김승옥은 말한다. 이와 같은 연속성을 보면 문학청년들을 기르겠다며 나선 전주의 가림인쇄소가 『산문시대』 탄생 이상의 역할을 한국현대문학사에 남기고 있음을 알 수 있다.

(2) 책방을 운영한 소설가

이정환(1930~1984) 작가의 소설 『샛강』에서 우리지역에서 활동했을 책쾌冊儈의 모습을 찾을 수 있었다. 책쾌는 조선시대 서적중개상이다. 이들은 단순한 책 판매상이 아니라, 고서와 그림, 골동품에 대한 전문적인 감식안을 가지고 있었다. 『샛강』은 1975년에서 1976년까지 국내 문학잡지에 네 차례 연재된 장편소설로 전주 출신인 작가의 자전적 소설로 알려져 있다. 주인공의 이름은 이종혁으로, 그의 아버지와 할아버지의 삼대에 걸친 책장사 이야기에 전주의 근현대사가 담겨 있다.

이종혁은 전주 본정 1정목 145번지에 서점을 차린다. 풍남문에서 천변 쪽으로 나란히 난 길이 당시 본정 1정목이다. 이곳에서 "삼천리고본점(서관)"을 운영한다. 이후 소설에서는 전주 남부시장 닭전머리에서 덕원서점을 운영하는데, 1968년 남부시장 근대화로 서점이 철거된다. 전동으로 이사한 후 다시 "서점 르네상스"를 열었다. 이정환은 1969년에 소설가로 등단한다. 이때 서울로 상경해 신촌 로터리에서 수레를 이용해 책과 잡화를 판매하고 글을 쓰며 수입을 병행한다. 이렇게 리어카로 이동서점을 하다가, 1975년 이후에 서울 종암동에서 "대영서점"을 운영한다.378)

이정환의 주요작품으로는 「영기」, 「벽 속의 화자들」, 「까치방」, 『샛강』 등이 있다. 1981년 국내 한 일간지는 지병으로 시력을 잃은 채 치열하게 작품 활동을 이어가던 이정환 작가를 한국의 밀턴이라고 불렀다.379) 그는 전주의 마지막 책쾌가 아니었을까?

2) 술과 노래

동문거리 내 수제맥주 전문점인 '시' 대표 유상우는 2002년 첫 동문거리축제에서 혼례를 올린 주인공이다. 동문거리를 잠시 떠났던 그는 전통주 제조 기술을 배워 다시 동문거리로 돌아와 시를 창업했다. 처음에는 수제 막걸리를 판매하려고 했으나, 수지타산이 맞지 않아, 수제맥주를 만들어 판매하고 있다.

> "전주 동문사거리 근처에는 세상에서 가장 작은 양조장을 가진 맥줏집이 있습니다. 양조장에서 주인 유상우 씨가 직접 만든 수제 맥주는 쌉싸름하면서도 깊고 풍부한 맛이 일품입니다. 서울서 주류 회사에 다니던 유 씨는 대를 이어 전수할 만한 뛰어난 수제 맥주를 만든다는 자긍심을 가지고 가게를 열었습니다. … (유상우 인터뷰)최고의 마케팅은 세월, 역사라는 생각이 들었습니다. 그것을 구현하기 위해서는 전주, 제 고향이 가장 적합하

다는 생각을 했습니다."380)

최고의 마케팅은 세월과 역사라는 그의 말처럼 그가 만든 수제 맥주의 이름은 '경기전', '오목대' 등 조선왕조와 관련한 전주의 문화재다. 현재는 전주 원도심 술문화 교류학교 등을 운영하며 전통주 제조 기술을 보급하고 있다.

대구에 김광석이 있다면 전주에는 대중음악 작편곡가 김명곤이 있다.381) 나미의 "슬픈인연"이란 노래를 작곡한 사람은 전주공업고등학교 관악부 출신의 김명곤(1952~2001)이다(장명수 2008: 530).

> "강승원(63, 본명 강승식) 대한가수협회 전라북도지회장이 전주에 '김명곤의 거리'를 만들어 달라는 이색 제안을 했다. 새전북신문과 만난 그는 "대구에 가면 김광석의 거리가, 광주에 가면 친구인 김정호의 거리가 있어 언제가 생기가 넘쳐난다"면서 이같이 주장했다."382)

그가 전주를 노래한 곡을 남겼다면 더 많은 사람들의 기억 속에 남아 있었을 것이다.

3) 동문거리로

동문예술거리라는 명칭에서 예술이라는 추상명사를 덜어내야 한다. 동문거리는 그 이름만으로도 다양한 기억과 역사적 가치, 문화적 가치를 충분히 가지고 있다. 예술이란 말이 이 거리를 어떤 특정한 한 분야로 한정하기도 하고, 예술이란 말이 사람에 따라 다르게 해석되면서 갈등이 시작되고 있다. 관광객은 예술이란 말이 있으니, 무언가 특색 있는 조형물을 기대하고, 예술가는 예술 활동을 지원하는 거리로 생각하기도 하다. 그런데 정작 동문에 사는 주민이나 상가에서는 이런 각각 기대하는 예술이 생활에 도움이 되지 않는다는 인식을 앞서의 논의에서 확인할 수 있었다. 근래 호평 받는 전주 객리단길처럼 있는 그대로 동문거리라고 칭해도 이 거리가 가진 가치를 이미 충분히 담고 있다.

5. 맺음말

2012년 동문예술거리에는 복합공간이 한 곳도 없었지만, 현재는 6곳으로 늘었다. 이 공간들은 청년문화를 대변하고 있다. 소비자들의 욕구에 맞추어 상점들이 진화한 것이다. 또한, 민간 자본의 문화예술에 대한 투자가 나타나고 있다. 2017년부터 전주문화재단은 청년들로 구성된 동문기획단을 운영하고 있다. 이들은 자신이 만든 공예작품과 예술작품 등을 동문예술거리에서 판매하고 수익금을 동문예술거리에서 소비하고 있다. 이 과정에서 지역공동체와의 선순환 구조가 형성되기 시작하였다. 과거 청년들이 동문거리를 떠날 수밖에 없었던 것은 동문거리 내 여러 기억의 주체의 향수를 통합하고 재구성하는데 실패(전북대학교 고고문화인류학과 BK21사업단 2012: 125)해서가 아니다. 그들이 떠난 것은 동문의 기억과 향수를 수익으로 전환할 수 있는 생산수단으로 개발하지 못한 데 있다. 그들은 동문거리 구성원의 마음을 모으는데 사명감을 가지고 있었다. 그들이 진 짐을 나눠야 한다.

대통령에게도 "계란 하나 더 쳐 먹으라"고 말하던 욕쟁이 할머니와 삼천동 막걸리 골목의 이모들이 사라졌다. 그들은 때로는 하나를 덤으로 더 주기도 했고, 때로는 "지금 바쁘니까, 네가 직접 갖다 먹으라"고 당당하게 말했다. 그들은 왜 사라졌을까? 몰려오는 관광객에 작은 가게가 커지자, 더 많은 종업원을 고용하게 된다. 이들은 친절하지만, 아무런 권한이 없다. 말과 겉모습만이 전문적으로 친절할 뿐이다. 그들은 왜 권한이 없는가? 그들은 생산수단을 소유하지 못한 시급을 받는 또는 월급쟁이일 뿐이기 때문이다. 그들은 자신의 일의 주인이 아니다. 청년에게 생산수단을 소유하게 하면 그들은 일의 주인이 될 수 있다. 이것에 대한 소재는 동문예술거리의 역사적 맥락에서 찾았다. 그것은 출판, 음악, 양조, 한복 등이다. 그 현실화는 한국전통문화전당, 전주정보문화산업진흥원, 전주문화재단의 긴밀한 협업체계 속에서 나올 것이다.

【참고문헌】
1. 연구보고서 및 저서

전북대학교 고고문화인류학과 BK21사업단, 『동문예술거리 조성을 위한 공간 현황 전수조사 연구』, 전주: 전주문화재단, 2012
김승옥, 『내가 만난 하나님』, 서울: 작가, 2004
김창주 외, 『함께 놓아 온 열 개의 디딤돌』, 전주: 전주문화재단, 2016
이상우, "문화의 거리", 『경찰문학』 4집, 전주: 경찰문인협회, 2000
이정환, "샛江", 『창작과 비평』 10, 서울: 창비, 1975
이중연, 『고서점의 문화사』, 서울: 혜안, 2007
장명수, 『전주의 8·15해방과 6·25전쟁』 개정판, 전주: 전주문화재단, 2008

2. 신문기사 및 기타 자료

「놀고 싶은데 공간이 없다고? 24시간 열린 전주시민놀이터」, 『중앙일보』, 2017.9.13.
「내홍 겪는 전주동문 상점가 상인회 ① '전통시장 활성화 지원금' 두고 진실공방 "회장 맘대로 골동품 사" "절차상 문제 없다"」, 『전북일보』, 2017.4.18.
「동문거리 꾸미기 앞장 공공작업소 심심 김창환씨」, 『전북일보』, 2007.12.19.
「韓國의 밀턴' 작가 李貞桓」, 『동아일보』, 1981.9.26.
「전주에도 '김명곤의 거리' 만들어 주세요」, 『새전북신문』, 2016.5.1.
「2003문화희망, 이 사람! 공공작업소 심심 김병수 대표」, 『전북일보』, 2003.1.19.
「동문거리축제 시민이 만들어요」, 『전북일보』, 2002.3.13.
「전주 경원동 동문거리축제 8~9일 열려」, 『전북일보』, 2002.6.9.
「동문예술장터서 '사람중심 콘텐츠' 즐겨요」, 『전북중앙신문』, 2017.10.17.
「전주문화재단 '나눔콘서트 다움' 수익금 기부 눈길」, 『전북중앙신문』, 2017.11.14.
「독특한 마케팅으로 창업 봇물」, YTN, 2014.3.8.
「동문거리에서 추억 만들어요」, 『전북일보』, 2002.6.4.
동문예술거리추진단, "동문거리문화예술지도", 전주: 전주문화재단, 2012
전주문화재단, "제2차 동문공감포럼 결과보고서", 전주: 전주문화재단, 2017.11.1.

(생활문화팀-741)
『위키백과』(검색어: 작곡가 김명곤)

【미주】
1) 이 글은 『새전북신문』, 2018.5.25.에 게재한 원고를 수정한 것이다.
2) 「戊午史禍때 희생 金馹孫선생쓰던 거문고 발견」, 『조선일보』, 1979. 3.10. 7면
3) 「金馹孫이 쓰던 거문고 500년만에 完形발견」, 『동아일보』, 1979. 3.10. 7면
4) 「문화재를 찾아서(25) 국악기」, 『동아일보』, 1997.7.5. 16면
5) 전주역사박물관, 2009, 『전주시 60년 일지 1949~2009』, 전주: 전주역사박물관, 85쪽
6) 장명수, 2009, 『전주 근대생활 조명 100년(1907~2006) 제2권: 전주의 8·15 해방과 6·25전쟁 격동시대 구술실록(1945~1960)』 개정판, 전주: 전주문화재단, 541쪽
7) 장명수, 2009, 『전주 근대생활 조명 100년(1907~2006) 제2권: 전주의 8·15 해방과 6·25전쟁 격동시대 구술실록(1945~1960)』 개정판, 전주: 전주문화재단, 552-553쪽
8) 이 글은 『전북중앙신문』, 2017.7.20.에 게재한 원고를 수정한 것이다.
9) 이 글은 『전북참여자치연대 회보』, 2014년 8월호에 게재한 원고를 수정한 것이다.
10) 「朝鮮製氷業(一)」, 『동아일보』, 1932.8.2. 6면
11) 「地方短評」, 『동아일보』, 1925.1.11. 3면
12) 「三百五十萬貫의 氷塊販賣禁止」, 『동아일보』, 1921.7.9. 3면
13) 「휴지통」, 『동아일보』, 1921.7.27. 3면
14) 「危險한 不正氷水」, 『동아일보』, 1921.8.17. 3면
15) 「雜用氷은 絕對不採」, 『동아일보』, 1921.12.3. 3면
16) 「氷水假家의新營業方針」, 『동아일보』, 1921.8.31. 4면
17) 「景況조흔時節商人」, 『동아일보』, 1922.7.3. 3면
18) 「휴지통」, 『동아일보』, 1923.6.18. 3면
19) 「주사침」, 『동아일보』, 1925.8.2. 2면
20) 「不平」, 『동아일보』, 1925.8.2. 2면
21) 「여름은 어데서(二)」, 『동아일보』, 1926.5.24. 2면
22) 이 글은 『전북참여자치연대 회보』, 2014년 10월호에 게재한 원고를 수정한 것이다.
23) 「專賣制度를利用하야」, 『동아일보』, 1921.9.30. 3면
24) 홍성덕 외 역, 2009, 『국역 전주부사』, 전주: 전주부사국역편찬위원회, 652쪽
25) 장명수, 2007, 『전주 근대생활 조명 100년(1907~2006) 제1권: 일제 식민시대 구술실록(1907~1945)』, 전주: 전주문화재단, 355쪽
26) 장명수, 2007, 『전주 근대생활 조명 100년(1907~2006) 제1권: 일제 식민시대 구술실록(1907~1945)』, 전주: 전주문화재단, 355쪽

27) 「百餘名이郡廳에殺到」, 『동아일보』, 1921.4.15. 3면
28) 「切草製造販賣令 七月一日發布」, 『동아일보』, 1921.7.1. 2면
29) 「때의 소리」, 『동아일보』, 1922.2.14. 4면
30) 「煙草專賣로失業」, 『동아일보』, 1922.7.27. 3면
31) 「專賣局員이孕母毆打 流血呻吟中死亡」, 『동아일보』, 1930.12.1. 3면
32) 「煙草商의困境」, 『동아일보』, 1923.2.15. 3면
33) 「煙草耕作을全廢」, 『동아일보』, 1923.3.20. 7면
34) 「奇怪한通文」, 『동아일보』, 1925.1.30. 3면
35) 장명수, 2007, 『전주 근대생활 조명 100년(1907~2006) 제1권: 일제 식민시대 구술실록(1907~1945)』, 전주: 전주문화재단, 354쪽
36) 장명수, 2007, 『전주 근대생활 조명 100년(1907~2006) 제1권: 일제 식민시대 구술실록(1907~1945)』, 전주: 전주문화재단, 358쪽
37) 이 글은 『전북참여자치연대 회보』, 2014년 6월호에 게재한 원고를 수정한 것이다.
38) 「大虎가 頻出」, 『동아일보』, 1929.9.1. 5면
39) 「智異山에서 大虎捕獲 포수 김성진의 셋방 총에 잡혀」, 『동아일보』, 1921.7.16. 3면
40) 「群山紀行(二)」, 『동아일보』, 1923.6.25. 1면
41) 「地方短評」, 『동아일보』, 1925.11.22. 4면
42) 「內藏山探勝團 魯城分局서募集」, 『동아일보』, 1935.10.23. 5면
43) 장명수, 2007, 『전주 근대생활 조명 100년(1907~2006) 제1권: 일제 식민시대 구술실록(1907~1945)』(전주: 전주문화재단)에 복사본이 수록되어 있다.
44) 정인성, 2009, "일제강점기 '慶州古蹟保存會'와 모로가 히데오[諸鹿央雄]", 『대구사학』 95: 16-17쪽
45) 「공설시장물가」, 『동아일보』, 1920.4.25. 3면
46) 「奢侈稅의 輸入品에及하는影響(三)」, 『동아일보』, 1921.7.31. 2면
47) 「京城金銀時勢」, 『동아일보』, 1921.4.19. 2면
48) 「陰曆歲暮의 景況(二) 閑散한南門市場」, 『동아일보』, 1921.1.20. 3면
49) 「關稅增徵과 各輸入品의影響(續)」, 『동아일보』, 1924.8.1. 1면
50) 「地方短評」, 『동아일보』, 1927.2.8. 4면
51) 「乾柿먹다가少年이爆死」, 『조선일보』, 1933.3.18. 2면
52) 「中國總領事=輸入稅率緩和交涉」, 『동아일보』, 1935.6.11. 4면
53) 「年産五萬圓의 全州高山柿 各地의 注文殺到」, 『동아일보』, 1932.12. 06. 3면
54) 「全州高山柿 五十萬本增植」, 『동아일보』, 1934.4.21. 4면
55) 「各地의 名産物은 무엇 무엇 인가」, 『동아일보』, 1935.1.2. 11면
56) 「高山柿! 금년은대흉작」, 『동아일보』, 1937.10.29. 7면

57) 장명수, 2007, 『전주 근대생활 조명 100년(1907~2006) 제1권: 일제 식민시대 구술실록(1907~1945)』, 전주: 전주문화재단

58) 이 글은 『전북참여자치연대 회보』, 2014년 9월호에 게재한 원고를 수정한 것이다.

59) 「觀花時節의 團束」, 『동아일보』, 1921.4.21. 3면

60) 「市內各飮食店 料理도減下」, 『동아일보』, 1930.11.12. 2면

61) 「南朝鮮野談巡訪 葉信(其七)」, 『동아일보』, 1931.5.19. 3면

62) 「落葉을 타고서」, 『동아일보』, 1937.11.19. 4면

63) 「箕山潁水의 香氣탄 咸平燒酒에 비빔밥」, 『동아일보』, 1938.10.4. 4면

64) 「黃登建德亭에서 弓道大會開催」, 『동아일보』, 1939.5.31. 2면

65) 「現實無視하는 査定委 物價暴騰을 助長」, 『동아일보』, 1954.4.27. 2면

66) 「八道江山 발 가는대로 붓 가는대로(22)」, 『동아일보』, 1958.11. 20. 3면

67) 「5分間 인터뷰 없어진名物「옴팍집」옛주인 李淑子 女人」, 『동아일보』, 1963.10.9. 7면

68) 「歷史와의 對話「先覺의땅」을 찾아… 特別시리즈─ 한국의 再發見(7) 녹두將軍 全琫準」, 『경향신문』, 1969.5.31. 4면

69) 「八道 特産物 民俗展」, 『동아일보』, 1970.6.23. 5면

70) 「八道民俗物産展 개장 新世界 直營2주年기념」, 『매일경제』, 1971. 4.1. 8면

71) 「틀잡히는 1日生活圈」, 『경향신문』, 1971.2.10. 3면

72) 「國土診斷(3) 工業化바람에 탈바꿈하는 古都 全州」, 『동아일보』, 1975. 2.5. 4면

73) 「내 고장 別味 季節따라 風俗찾아… 八道 맛자랑 <1> 全州 비빔밥」, 『경향신문』, 1976.9.22. 4면

74) 「韓國의年輪 ㉖ 아련한 鄕愁의 맛」, 『조선일보』, 1976.8.28. 6면

75) 양미경, 2013, "전주한옥마을과 전주비빔밥의 문화자원화 과정 연구", 한국학중앙연구원 한국학대학원 박사학위논문

76) 이 글은 『새전북신문』, 2018.4.27.에 게재한 원고를 수정한 것이다.

77) 이민희, 2006, "책쾌 송신용과 교주본「여용국전」연구", 『한국민족문화』 27, 부산대학교 한국민족문화연구소, 198쪽

78) 이민희, 2006, "책쾌 송신용과 교주본「여용국전」연구", 『한국민족문화』 27, 부산대학교 한국민족문화연구소, 204쪽

79) 이민희, 2008, "조선과 중국의 서적중개상과 서적 유통문화 연구", 『동방학지』, 연세대학교 국학연구원, 339-343쪽

80) 이민희, 2011, 『책쾌 송신용』, 서울: 역사의아침

81) 이민희, 2006, "책쾌 송신용과 교주본「여용국전」연구", 『한국민족문화』 27, 부산대학교 한국민족문화연구소, 210-212쪽

82) 이정환, 1976, 『샛江』(서울: 창작과 비평사)과 이중연, 『고서점의 문화사』, 혜안, 2007, 251-339쪽의 내용을 재구성하였다.

83) 이정환, 1976, 『샛江』(서울: 창작과 비평사)
84) 「'韓國의 밀턴' 작가 李貞桓」, 『동아일보』, 1981.9.26. 7면
85) 이 글은 『전북중앙신문』, 2016.7.25.에 게재한 원고를 수정한 것이다.
86) 전주백년사편찬위원회, 2001, 『신문으로 본 전주사람 -하나』, 전주: 전주백년사편찬위원회, 119쪽
87) 「루이 류미엘옹의 입체영화 성공」, 『조선중앙일보』, 1935.7.3. 4면
88) 조성민·최양현, 2015, 『퓨처시네마』, 서울: 커뮤니케이션스북스
89) 「立體映畫時代 드듸어 出現」, 『동아일보』, 1938.2.8. 5면
90) 『위키백과』(검색어: RKO Radio Pictures)
91) 「美映畫五個年內에 立體乃至天然色化」, 『동아일보』, 1947.1.25. 2면
92) 『위키백과』(검색어: Samuel Goldwyn)
93) 「立體映畫 '戰友' 國에서 '로케'」, 『동아일보』, 1953.7.4. 2면
94) 「立體映畫 '休戰'」, 『동아일보』, 1954.3.7. 4면
95) 「立體映畫 首都劇場歷史의 大開封」, 『경향신문』, 1955.4.12. 4면 전단광고
96) 「映畫機才國産化 필름도 50% 절약」, 『경향신문』, 1968.7.27. 5면
97) 이세기, 2011, 『죽기 전에 꼭 봐야 할 한국영화 1001』, 서울: 마로이에북스
98) 「특수 안경 없이도 3차원영상 즐긴다 입체TV 실용화 눈앞」, 『동아일보』, 1996.1.23. 33면
99) 「입체영화와 덕진공원」, 『전북중앙신문』, 2016.7.25.
100) 최인훈, 2000, 『옛날 옛적에 훠어이 훠이』, 서울: 문학과지성사, 200쪽
101) 「産業組合令에 依한 生薑生産組合」, 『동아일보』, 1930.11.18. 7면
102) 「産業啓發機關인 鳳翔産業組合」, 『동아일보』, 1930.11.23. 7면
103) 「鳳翔産組에서 醫院直營」, 『동아일보』, 1937.6.26. 8면
104) 『한국민족문화대백과』(검색어: 윤건중)
105) 유몽인(신익철 외 역), 2011, 『어우야담』, 파주: 돌베개, 572-573쪽
106) 유몽인(신익철 외 역), 2011, 『어우야담』, 파주: 돌베개, 141-144쪽
107) 김현룡, 2004, "기녀설화 변이 연구", 『겨레어문학』 33: 109-147쪽
108) 「토-키-계의 금후를 위하야」, 『동아일보』, 1935.10.30. 3면
109) 「<춘향전>으로 조선에 발성영화 시대를 열다」, 씨네21, 2001.8.16.
110) 「조선 최초의 발성영화 춘향전을 보고(상)」, 『동아일보』, 1935.10.11. 3면
111) 김남석, 2012, "1930년대 '경성촬영소'의 역사적 변모 과정과 영화 제작 활동 연구", 『인문과학연구』 33
112) 「全發聲朝鮮映畫 春香傳」, 『동아일보』, 1935.9.1. 3면
113) 「重修된 廣寒樓와 春香閣」, 『동아일보』, 1931.5.22. 3면
114) 「숨은 文化役軍(5) 平生 春香祠堂 지키는 崔鳳仙씨」, 『동아일보』, 1966.5.28. 5면

115) 「饑饉民救濟코저 各地에서 活動」, 『동아일보』, 1929.5.21. 4면
116) 장명수, 2009, 『전주 근대생활 조명 100년(1907~2006) 제2권: 전주의 8·15 해방과 6·25전쟁 격동시대 구술실록(1945~1960)』 개정판, 전주: 전주문화재단, 484, 486쪽
117) 장명수, 2009, 『전주 근대생활 조명 100년(1907~2006) 제2권: 전주의 8·15 해방과 6·25전쟁 격동시대 구술실록(1945~1960)』 개정판, 전주: 전주문화재단, 487-488쪽
118) 이 글은 『전북중앙신문』, 2015.5.8.에 게재한 원고를 수정한 것이다.
119) 장명수, 2009, 『전주 근대생활 조명 100년(1907~2006) 제2권: 전주의 8·15 해방과 6·25전쟁 격동시대 구술실록(1945~1960)』 개정판, 전주: 전주문화재단, 535쪽
120) 「家家戶戶에동냥 거지들이모여葬式」, 『동아일보』, 1931.10.3. 3면
121) 장명수, 2007, 『전주 근대생활 조명 100년(1907~2006) 제1권: 일제 식민시대 구술실록(1907~1945)』, 전주: 전주문화재단, 2007, 399쪽
122) 조병희, 『완산고을의 맥박』, 전주: 신아출판사, 2001, 430-431쪽
123) 장명수, 2007, 『전주 근대생활 조명 100년(1907~2006) 제1권: 일제 식민시대 구술실록(1907~1945)』, 전주: 전주문화재단, 399쪽
124) 장명수, 2007, 『전주 근대생활 조명 100년(1907~2006) 제1권: 일제 식민시대 구술실록(1907~1945)』, 전주: 전주문화재단, 399-400쪽
125) 이 글은 『전북참여자치연대 회보』, 2015년 12월호에 게재한 원고를 수정한 것이다.
126) 「매머드 어금니 국내 첫 발견」, 『경향신문』, 1996.11.27. 27면
127) 파스칼 타시(김희경 역), 2006, 『매머드를 부활시킬 수 있을까?』, 서울: 민음in, 8쪽
128) 『두산백과』(검색어: 매머드)
129) 파스칼 타시(김희경 역), 2006, 『매머드를 부활시킬 수 있을까?』, 서울: 민음in, 16쪽
130) 파스칼 타시(김희경 역), 2006, 『매머드를 부활시킬 수 있을까?』, 서울: 민음in, 37쪽
131) 파스칼 타시(김희경 역), 2006, 『매머드를 부활시킬 수 있을까?』, 서울: 민음in, 38-39쪽
132) 양태진, "화대군 장덕리의 털코끼리(맘모스) 유골", 『北韓』 457, 2010. 155쪽
133) 「맘모스 化石發見」, 『동아일보』, 1934.3.30. 3면
134) 국사편찬위원회 한국사데이터베이스, 『자료대한민국사』 제2권(검색어: 인천시립박물관)
135) 파스칼 타시(김희경 역), 2006, 『매머드를 부활시킬 수 있을까?』, 서울: 민음in, 21-22쪽
136) 국사편찬위원회, 『조선왕조실록』(검색어: 코끼리)

137) 국사편찬위원회, 『세종실록』 11권(세종 3년 3월 14일 병자 5번째 기사)
138) 이 글은 『전북참여자치연대 회보』, 2016년 4월호에 게재한 원고를 수정한 것이다.
139) 「傳說의 朝鮮(67)」, 『동아일보』, 1927.12.27. 3면
140) 이덕일, 2003, 『이덕일의 여인열전』, 파주: 김영사, 18쪽
141) 수렌드라 버마(박명옥 역), 2008, 『모기가 슬픈 이유』, 서울: 열음사, 146쪽
142) 임경선 외, 2014, 『모기가 아이티 공화국을 세웠다고?』, 서울: 가교출판, 48-54쪽
143) 수렌드라 버마(박명옥 역), 2008, 『모기가 슬픈 이유』, 서울: 열음사, 204-205쪽
144) 「유전자 조작-DDT 살포? 더 무서운 모기 낳을 수도」, 『동아일보』, 2016.2.20.
145) 국사편찬위원회, 『조선왕조실록』(검색어: 모기)
146) 김윤식(이지양 외 역), 2013, 『운양집』 4, 서울: 혜안, 244-246쪽
147) 『舊韓國外交文書』, 第6卷 日案 7188號 光武 7年 1月 12日, 『皇城新聞』, 光武 7年 1月 13日
148) 홍성덕 외 역, 2009, 『국역 전주부사』, 전주: 전주부사국역편찬위원회, 626쪽
149) 홍성덕 외 역, 2009, 『국역 전주부사』, 전주: 전주부사국역편찬위원회, 288-289쪽
150) 홍성덕 외 역, 2009, 『국역 전주부사』, 전주: 전주부사국역편찬위원회, 771쪽
151) "俞吉濬陰謀事件關聯 日人 退韓處分 訓令 件", 往電 第52號, 明治三十五年四月三〇日(1902.4.30.).
152) 윤병희, 1995, "일본망명시절 俞吉濬의 쿠데타음모사건", 『한국근현대사연구』 제3집, 35-59쪽
153) 홍성덕 외 역, 2009, 『국역 전주부사』, 전주: 전주부사국역편찬위원회, 415-416쪽
154) 이 글은 『전북참여자치연대 회보』, 2015년 11월호에 게재한 원고를 수정한 것이다.
155) 홍성덕 외 역, 2009, 『국역 전주부사』, 전주: 전주부사국역편찬위원회, 185쪽
156) 홍성덕 외 역, 2009, 『국역 전주부사』, 전주: 전주부사국역편찬위원회, 185쪽
157) 「全州製絲工場火災 損害額三萬餘圓」, 『동아일보』, 1930.1.16. 3면
158) 「道立病院火災」, 『동아일보』, 1930.2.6. 3면
159) 「全州火災는 손해오백여원」, 『동아일보』, 1930.1.28. 3면
160) 「全州火災는 손해천여원」, 『동아일보』, 1930.1.29. 7면

161) 「全州火災는 손해오백원」, 『동아일보』, 1930.3.6. 2면
162) 「全州에火災」, 『동아일보』, 1930.03.26. 2면
163) 「水管車購入 일부는긔부로」, 『동아일보』, 1930.11.13. 3면
164) 「全州藥令市 賣買가閑散 한재관계로」, 『동아일보』, 1929.12.17. 2면
165) 「面議不正으로 守山面長辭任」, 『동아일보』, 1929.12.4. 3면
166) 「全州下水溝工事 期間短縮코促成」, 『동아일보』, 1929.8.9. 4면
167) 「全州女高普 秘社事件終豫」, 『동아일보』, 1930.1.10. 7면
168) 「全州高普生動搖」, 『동아일보』, 1929.3.15. 5면
169) 홍성덕 외 역, 2009, 『국역 전주부사』, 전주: 전주부사국역편찬위원회, 185쪽
170) 홍성덕 외 역, 2009, 『국역 전주부사』, 전주: 전주부사국역편찬위원회, 185쪽
171) 이경화, 2015, "일제강점기 목포 유달산의 弘法大師像과 88靈場", 『동북아역사논총』 47, 171-200쪽
172) 홍성덕 외 역, 2009, 『국역 전주부사』, 전주: 전주부사국역편찬위원회, 834쪽
173) 이 글은 『전북참여자치연대 회보』, 2015년 3월호에 게재한 원고를 수정한 것이다.
174) 정인섭, 2009, "일제강점기 '慶州古蹟保存會'와 모로가 히데오[諸鹿央雄]", 『대구사학』 95권, 1-2쪽
175) 이순자, 2008, "1930년대 부산고고회의 설립과 활동에 대한 고찰", 『역사학연구』 33집
176) 홍성덕 외 역, 2009, 『국역 전주부사』, 전주: 전주부사국역편찬위원회, 844쪽
177) 이순자, 2008, "1930년대 부산고고회의 설립과 활동에 대한 고찰", 『역사학연구』 33집, 156-158쪽
178) 홍성덕 외 역, 2009, 『국역 전주부사』, 전주: 전주부사국역편찬위원회, 42쪽
179) 이 글은 『전북참여자치연대 회보』, 2015년 10월호에 게재한 원고를 수정한 것이다.
180) 전주역사박물관, 2007, 『숨겨진 시간을 찾아서』, 전주: 전주역사박물관, 12쪽, 3단
181) 「飛行機墮落」, 『동아일보』, 1925.4.19. 3면
182) 「內外航空界 飛校設立計劃」, 『동아일보』, 1927.5.3. 7면
183) 「飛行家愼君 歡迎會組織」, 『동아일보』, 1927.11.12. 4면
184) 「二等飛行士愼氏 故國訪問飛行」, 『동아일보』, 1927.12.8. 2면
185) 「愼氏鄕土飛行」, 『동아일보』, 1927.12.18. 2면
186) 「吉林省百萬同胞 十五日內驅逐嚴命」, 『조선일보』, 1927.12.3. 2면

187) 장명수, 2007,『전주 근대생활 조명 100년(1907~2006) 제1권: 일제 식민시대 구술실록(1907~1945)』, 전주: 전주문화재단, 174, 404쪽
188) 「多數한 歡迎裡에 無事히全州着陸」,『동아일보』, 1928.4.6. 5면
189) 「處女航空路開拓 今日, 愼鳥人鄕土飛行」,『동아일보』, 1928.4.4. 2면
190) 홍성덕 외 역, 2009,『국역 전주부사』, 전주: 전주부사국역편찬위원회, 472쪽
191) 「朝鮮飛行校 今日開校式」,『동아일보』, 1929.5.5. 2면
192) 「飛行士愼鏞項 特委에 十日밤被逮」,『동아일보』, 1949.2.12. 2면
193) 「民間旅客機拉北은 强盜行爲」,『경향신문』, 1958.2.20. 1면
194) 「愼鏞項氏는 왜 自殺했나」,『경향신문』, 1961.8.29. 2면
195) 이 글은『전북참여자치연대 회보』, 2014년 11월호에 게재한 원고를 수정한 것이다.
196) 홍성덕 외 역, 2009,『국역 전주부사』, 전주: 전주부사국역편찬위원회, 620쪽
197) 장명수, 2007,『전주 근대생활 조명 100년(1907~2006) 제1권: 일제 식민시대 구술실록(1907~1945)』, 전주문화재단, 483쪽
198) 『한국민족문화대백과』, 한국학중앙연구원(검색어: 이두황)
199) 홍성덕 외 역, 2009,『국역 전주부사』, 전주: 전주부사국역편찬위원회, 295쪽
200) 홍성덕 외 역, 2009,『국역 전주부사』, 전주: 전주부사국역편찬위원회, 295쪽
201) 홍성덕 외 역, 2009,『국역 전주부사』, 전주: 전주부사국역편찬위원회, 617쪽
202) 홍성덕 외 역, 2009,『국역 전주부사』, 전주: 전주부사국역편찬위원회, 617쪽
203) 홍성덕 외 역, 2009,『국역 전주부사』, 전주: 전주부사국역편찬위원회, 620쪽
204) 장명수, 2007,『전주 근대생활 조명 100년(1907~2006) 제1권: 일제 식민시대 구술실록(1907~1945)』, 전주: 전주문화재단, 53쪽
205) 홍성덕 외 역, 2009,『국역 전주부사』, 전주: 전주부사국역편찬위원회, 555쪽
206) 홍성덕 외 역, 2009,『국역 전주부사』, 전주: 전주부사국역편찬위원회, 619쪽
207) 장명수, 2007,『전주 근대생활 조명 100년(1907~2006) 제1권: 일제 식민시대 구술실록(1907~1945)』, 전주: 전주문화재단, 72쪽
208) 장명수, 2007,『전주 근대생활 조명 100년(1907~2006) 제1권: 일제 식민시대 구술실록(1907~1945)』, 전주: 전주문화재단, 44쪽
209) 익산문화재단, 2013,『춘포 백년, 사람 이야기』, 익산: 익산문화재단

210) 장명수, 2007, 『전주 근대생활 조명 100년(1907~2006) 제1권: 일제 식민 시대 구술실록(1907~1945)』, 전주: 전주문화재단, 483쪽
211) 「輕鐵이 犧牛 전북경편털도」, 『동아일보』, 1926.7.2. 5면
212) 「萬頃江鐵橋 工事起工式」, 『동아일보』, 1927.11.10. 4면
213) 문화재청 국가문화유산 포털(검색어: 만경강철교)
214) 신호, 1973, 『아빠의 일기장』, 전주: 보광출판사, 77~82쪽
215) 장명수, 2007, 『전주 근대생활 조명 100년(1907~2006) 제1권: 일제 식민 시대 구술실록(1907~1945)』, 전주: 전주문화재단, 488-489쪽
216) 장명수, 2007, 『전주 근대생활 조명 100년(1907~2006) 제1권: 일제 식민 시대 구술실록(1907~1945)』, 전주: 전주문화재단, 490쪽
217) 김남천, 1940, "무전여행", 『박문』 15, 2-3쪽
218) 강준식, 2004, 『다시 읽는 하멜 표류기』, 파주: 웅진지식하우스, 287쪽
219) 「全道無錢旅行」, 『동아일보』, 1926.6.21. 2면
220) 「朝鮮一週隊 無事歸着」, 『동아일보』, 1928.1.15. 4면
221) 「世界無錢旅行하는 外人男女 途中에 情들어 韓國서 結婚式」, 『동아일보』, 1962.3.3. 3면
222) 「新刊紹介」, 『동아일보』, 1962.7.19. 4면
223) 「8月中 베스트쎌레즈」, 『동아일보』, 1962.9.5. 5면
224) 「후라이보이 무전여행」, 『경향신문』, 1963.4.12. 8면
225) 우정덕, 2010, "김찬삼의 『世界一周無錢旅行記』", 『한민족어문학』 56
226) 「무전여행 못한다」, 『동아일보』, 1962.10.6. 7면
227) 송은영, 2013, "1960년대 여가 또는 레저 문화의 정치", 『한국학논집』 51, 82쪽
228) 이 글은 『신바람 나는 부채 이야기』, 2012(전주: 전주문화재단)에 게재한 원고를 수정한 것이다.
229) 홍성덕 외 역, 2009, 『국역 전주부사』, 전주: 전주부사국역편찬위원회, 576쪽
230) 홍성덕 외 역, 2009, 『국역 전주부사』, 전주: 전주부사국역편찬위원회, 576쪽
231) 홍성덕 외 역, 2009, 『국역 전주부사』, 전주: 전주부사국역편찬위원회, 579쪽
232) 「全州扇子業 道에서 補助?」, 『동아일보』, 1929.5.6. 3면
233) 「副業으로 有望한 全北製紙業(六)」, 『동아일보』, 1934.1.11. 4면
234) 「特産朝鮮의 이모저모」, 『동아일보』, 1936.1.3. 11면
235) 「全州特産油物」, 『동아일보』, 1936.7.21. 5면
236) 「날개도친 부채 米國으로 輸出 여름의 寵兒 全州團扇」, 『동아일보』, 1938.3.26. 8면

237) 「全北團扇大氣焰 二百五十萬本賣切」, 『동아일보』, 1938.7.3. 6면
238) 「全州雨傘改良과 竝行 團扇改裝計劃」, 『동아일보』, 1939.3.5. 6면
239) 「名物, 全州부채扇 崭新한 意匠으로 登場」, 『동아일보』, 1939.5.21. 3면
240) 「産業發展의 現地報告(3)」, 『동아일보』, 1940.1.12. 7면
241) 『경성일보』의 연재물로 추정된다.
242) 신수경, 1996, "李仁星(1912~1950)의 繪畫硏究", 홍익대학교 석사학위논문
243) 이 글은 『손으로 공예로』 Vol.5, 2021(전주: 한국전통문화전당)에 게재한 원고를 수정한 것이다.
244) "朝鮮工産品 積極的 進出 産業課長會議討議에서", 『조선일보』, 1935.12.8. 4면
245) "輸出을 目的코 莞草細工品奬勵", 『조선일보』, 1936.2.20. 8면
246) "莞草슬립퍼 米國으로 初輸出", 『조선일보』, 1937.7.15. 7면
247) "月十萬足을 注文 聲價노픈 莞草슬립퍼", 『조선일보』, 1938.3.12. 2면
248) "特産品陳列會場案內", 『조선일보』, 1938.4.25. 2면
249) "全州 優雅한 手工品이 人氣 海外市場開拓에 큰期待 紙雨傘·合竹扇은 退勢", 『경향신문』, 1962.8.24. 4면
250) "겨울철農家副業 왕골製品「앙고라」기르기 등 勸獎", 『경향신문』, 1966.11.16. 4면
251) "褪色해가는 民俗工藝", 『경향신문』, 1966.3.19. 5면
252) "輸出戰略品으로 脚光", 『매일경제』, 1972.10.4. 5면
253) "지방特化産業 융자대상 48種으로 늘려", 『조선일보』, 1973.1.23. 2면
254) "中小企業振興公團 民藝産業단지 18개造成", 『매일경제』, 1980.12.27. 3면
255) "관광지 特産品 外地반입 모조품이 판친다", 『경향신문』, 1988.5.4. 13면
256) 이 글은 『전북참여자치연대 회보』, 2016년 5월호에 게재한 원고를 수정한 것이다.
257) 「爆藥雷管을 發見」, 『동아일보』, 1923.5.5. 3면
258) 「메이데이 紀念演說」, 『동아일보』, 1923.5.5. 4면
259) 「晉州의 '메이데이'」, 『동아일보』, 1923.5.7. 3면
260) 「馬山의 '메이데이'」, 『동아일보』, 1923.5.7. 3면
261) 「메이데이와 어린이날 萬般準備가 完成」, 『동아일보』, 1925.4.30. 2면
262) 「盛大한 各地 메이데이」, 『동아일보』, 1927.5.3. 4면
263) 「勞働者名節의 메이데이」, 『동아일보』, 1931.5.3. 3면
264) 「淸津에도 檄文 卅餘名檢擧」, 『동아일보』, 1932.5.3. 2면
265) 「勞働節日給料要求 不應하매 工區襲擊」, 『동아일보』, 1933.5.5. 2면
266) 「처음 맞는 우리 勞動節 三月十日」, 『동아일보』, 1959.2.3. 3면
267) 「大邱서 勞動節行事」, 『경향신문』, 1961.3.11. 4면
268) 「勞動節을 公休日로 勞組總聯盟서 建議」, 『경향신문』, 1962.1.29. 3면

269) 「내년부터 '노동절'을 '근로자의날'로 표현」, 『경향신문』, 1978.3.11. 2면
270) 「勞動節이냐 勤勞者의날이냐… 티격태격」, 『동아일보』, 1980.3.3. 2면
271) 「5월 1일 노동절 부활 민정당, 법개정 검토키로」, 『한겨레』, 1989.3.11. 10면
272) 「5월 1일 노동절 부활」, 『한겨레』, 1993.12.14. 2면
273) 구용희, 1992, "메이데이 탄생시킨 8인의 노동자들", 『길을 찾는 사람들』, 사회평론, 134-139쪽
274) 이 글은 『전북중앙신문』, 2015.2.6.에 게재한 원고를 수정한 것이다.
275) 「無識한高興巡査 卒業式塲에서 亂喊」, 『동아일보』, 1928.3.29. 5면
276) 「過敏한當局 三月一日에 卒業式도 못한다」, 『동아일보』, 1929.2.20. 4면
277) 「全州高普生動搖」, 『동아일보』, 1929.3.15. 5면
278) 「全州高普在學生 百四十餘名檢擧」, 『동아일보』, 1929.5.24. 2면
279) 「學生一同은 當日로 出獄」, 『동아일보』, 1929.8.27. 3면
280) 「全州高普生 檢事가 控所」, 『동아일보』, 1929.8.30. 3면
281) 「全州高普生 覆審에서도執拗」, 『동아일보』, 1930.2.7. 2면
282) 「全州農校에서 卒業證回收」, 『동아일보』, 1931.3.18. 2면
283) 「金堤公普校卒業式」, 『동아일보』, 1922.4.10. 4면
284) 「全州各校卒業式」, 『동아일보』, 1923.4.9. 4면
285) 「童心을 울리는 우울한 봄消息」, 『동아일보』, 1939.2.17. 3면
286) 「童心을 울리는 憂欝한 봄消息」, 『동아일보』, 1939.2.17. 3면
287) 「全州新興學校」, 『동아일보』, 1929.3.26. 5면
288) 「全州永生幼稚園卒業生」, 『동아일보』, 1931.3.20. 3면
289) 「京城寫眞講習院 七日卒業式擧行」, 『동아일보』, 1934.7.6. 2면
290) 「졸업 기념으로 사진을 박이자면」, 『동아일보』, 1934.3.3. 6면
291) 「全州永生保育卒業式」, 『동아일보』, 1936.3.14. 3면
292) 「全州永生保育 第七回卒業生八名」, 『동아일보』, 1938.3.10. 7면
293) 「陸軍航空 技術學校 第五回卒業式」, 『동아일보』, 1937.10.31. 1면
294) 「海軍兵學校卒業式 來九月下旬에 擧行」, 『동아일보』, 1938.8.16. 1면
295) 「陸軍軍醫學校 卒業式擧行」, 『동아일보』, 1939.6.20. 1면
296) 「海軍經理學校 卒業式擧行」, 『동아일보』, 1939.7.30. 1면
297) 「騎兵學校卒業式 侍從武官御差遣」, 『동아일보』, 1939.12.1. 1면
298) 「航空士官學校 卒業式擧行」, 『동아일보』, 1940.6.22. 1면
299) 「海軍潜水學校卒業式」, 『동아일보』, 1940.7.27. 1면
300) 장명수, 2007, 『전주 근대생활 조명 100년(1907~2006) 제1권: 일제 식민시대 구술실록(1907~1945)』, 전주: 전주문화재단, 124쪽
301) 「卒業式의 노래 文敎部에서 制定」, 『동아일보』, 1946.6.7. 2면

302) 노경수, 2009, "尹石重 硏究", 단국대학교 대학원 박사학위논문, 67쪽
303) 『두산백과』(검색어: 스승의 날)
304) 「26日은 첫 '스승의날' 恩師의 功 우러러 가슴에 장미꽃」, 『경향신문』, 1964.5.26. 7면
305) 「師恩… 15일은 '스승의날'」, 『동아일보』, 1965.5.15. 7면
306) 「스승의날」, 『동아일보』, 1965.5.15. 7면
307) 「스승의날…」, 『동아일보』, 1968.5.15. 1면
308) 「스승이 쌓은 돌담 露天講堂」, 『동아일보』, 1969.5.15. 7면
309) 「스승의 날에 膳物 경쟁 개별행동 막고 團體情表를」, 『경향신문』, 1971.6.2. 6면
310) 「成年·어버이날 新設 '學生의날' 廢止」, 『경향신문』, 1973.3.24. 7면
311) 「教權부활… 스승의 날」, 『경향신문』, 1982.5.15. 11면
312) 「어버이날·스승의날 맞아 백화점 賣出額 크게 늘어」, 『매일경제』, 1983.5.19. 10면
313) 「'스승의날' 행사에 스승 몸수색」, 『경향신문』, 1984.5.17. 6면
314) 「백화점 買上 30% 늘어」, 『매일경제』, 1984.5.15. 11면
315) 「5월의 奇異한 선물」, 『동아일보』, 1984.5.30. 5면
316) 「스승의 날 선물 받은 教授들 '꽃은 말고 데모나 그만」, 『동아일보』, 1985.5.17. 10면
317) 「선생님들 '스승의날' 더 괴롭다」, 『동아일보』, 1986.5.13. 6면
318) 「校服 자율화」, 『매일경제』, 1986.4.26. 3면
319) 「스승의 날 선물 外製여야하나 수입상품점 고객 줄이어 한심」, 『동아일보』, 1989.5.22. 11면
320) 「스승의날 '마음'이 참선물」, 『한겨레』, 1990.5.14. 8면
321) 「해직교사 '스승의날' 외롭지 않다」, 『한겨레』, 1991.5.16. 13면
322) 「어버이·스승의날 선물포장 韓紙로 싸면 맵시」, 『매일경제』, 1991.5.6. 24면
323) 「해직교사 '스승의날' 외롭지 않다」, 『한겨레』, 1991.5.16. 13면
324) 「옛스승찾기 편승 외상값 받기 轉勤간 선생님들 곳곳 곤욕」, 『경향신문』, 1992.5.15. 23면
325) 「스승의날 학부모에 촌지부담 없게 江南유치원들 임시휴원」, 『경향신문』, 1998.5.14. 19면
326) 「학부모 79% "스승의날 부담돼요" 46%가 돈 봉투 전달 "학년말로 옮겼으면"」, 『한겨레』, 1998.5.7. 21면
327) 「스승의날 휴교 꽃값 폭락」, 『경향신문』, 1999.5.14. 25면
328) 「전교조 해직교사 전원 복직」, 『매일경제』, 1999.7.10. 30면
329) 이 글은 『전북중앙신문』, 2019.10.16.에 게재한 원고를 수정한 것이다.

330) 김병곤, 2004, 『무악산의 수난기』, 전주: 신아출판사
331) 김월덕, 2006, "정여립 이야기의 전승 양상과 문화적 으미", 『구비문학연구』 22, 한국구비문학회, 303-334쪽
332) 최남선(심춘독회 역음), 2014, 『심춘순례』, 전주: 신아출판사, 32쪽
333) 김정운, 2014, 『에디톨로지』, 파주: 21세기북스, 136-255쪽
334) 이 글은 『전북중앙신문』, 2015.4.10.에 게재한 원고를 수정한 것이다.
335) 「古都지역 주민 문화특별시 지정 반대」, 『연합뉴스』, 1991.7.4.
336) 서태양, 2002, 『문화관광론』, 파주: 大旺社, 2002, 318쪽
337) 「경주가 앓고 있다」, 『한겨레』, 1998.4.30.
338) 김영삼, 1998, "역사문화도시의 보존과 개발에 관한 법적 문제(경주를 중심으로)", 『土地公法硏究』 5집, 35-41쪽
339) 「古都보존법 제정해야」, 『경향신문』, 2002.12.1.
340) 「울산·충북 '산업특별 자치단체' 추진」, 『서울경제』, 2007.10.17.
341) 「톡톡 튀는 새내기 공무원」, 『연합뉴스』, 2004.11.2.
342) 「'2013포럼' 광주전남 10대 정책공약 제안」, 『뉴시스』, 2012.11.11.
343) 「기초단체장에 듣는다, 김만수 부천시장 당선자」, 『경향신문』, 2010.6.27.
344) 「문화특별시 대전, 거듭 나는 엑스포과학공원」, 『MK뉴스』, 2012.6.1.
345) 「익산시, 민선6기 47개 공약사업 확정… '역사문화특별시' 추진」, 『뉴스1』, 2014.11.21.
346) 「이춘희 세종시장, 작은 도서관지원 및 문화특별시 단들 것」, 『아주경제』, 2014.12.18.
347) 「대한민국 문화수도는 전주」, 『새전북신문』, 2015.4.7.
348) 「문동신 시장 군산대 최고경영관리자 과정, 초청 특강」, 『국제뉴스』, 2015.4.7.
349) 김정호, 문철수, 2010, "국제적 도시 브랜드 정립 챠원에서 바라 본 유럽 문화수도 프로그램 연구", 『옥외광고학연구』 7집, 121-146쪽
350) 「태조어진 전주반환 추진위 출범」, 『연합뉴스』, 2007 1.28.
351) 이 글은 2015년 전주정보문화산업진흥원 CT분과 신사업기획단 과제 제안서로 제출한 원고를 수정한 것이다.
352) 박걸순은 동산(東山) 류인식(柳寅植, 1865~1928)을 고난의 역정을 뚜벅뚜벅 걸어간 혁신 유림으로 평가한다.(2009 : 14)
353) 당대 영국인에게 웃음을 준 섹스피어의 희곡을 보고, 현대 한국인이 쉽게 웃을 수 없는 것은 그들만의 집단성, 급수성과는 다른 문화에 살기 때문이라고 생각하는데, 對待문화문법이 우리의 전통문화에만 적용되는 특수성을 가진 것인지, 세계의 보편적 문화문법인지에 대한 의문이 있지만, 그의 對待문화문법에서 영감을 얻을 수 있었다.
354) 용과 기사가 대결하는 서양의 신화에서는 결국 기사가 이기고, 용의 능력까지 얻게 된다.

355) 그 가운데 고민의 흔적을 발견할 수 있는데, 서예가였던 강암 송성용의 항관(恒觀: 항상 메모하라는 뜻의 메모장)에는 알파벳을 공부한 흔적이 남아 있다.(강신표 외, 2008 : 112)

356) 이 글은 2018년 한국문화관광연구원의 정책과제인 "지역 쇠퇴에 대응한 지역문화자원의 보전 및 지역학의 역할 연구"와 관련하여, 서면으로 자문한 원고를 수정한 것이다.

357) 이 글은 2017.12.1. 제3차 동문동행포럼에서 발제한 원고를 수정한 것이다.

358) 2012년 동문예술거리 조성 이전

359) 「놀고 싶은데 공간이 없다고? 24시간 열린 전주시민놀이터」, 『중앙일보』, 2017.9.13.

360) 2016년 수익금은 34,235,676원이다. 3시간 기준 대관료는 공간별로 6,000~36,000원이다.

361) 전북대학교 고고문화인류학과 BK21사업단

362) 혐오시설의 유치, 사드의 배치, 프레온 가스 사용 등 집단 이기주의가 예가 될 수 있다.

363) 2017년을 기준으로 업소명과 도로명 주소로 바꾸어 표기했다.

364) 2017년 전주문화재단은 전라북도의 문화예술거리 조성 공모사업에 2012년 동일한 사업구간을 제안하였으나, 심사위원의 심의 끝에 이와 같은 사업 구간으로 재조정되었다.

365) "제2차 동문공감포럼 결과보고서", 전주: 전주문화재단, 2017.11.1. (생활 문화팀-741)

366) 1931년생, 전 전북도청 공보실 근무, 보이스카우트 원로회원

367) 이 그림의 1960년대 서점을 나열하면, 좌측 상단부터 아래로 소신서점, 희망서점, 홍지서림, 자유서점, 아카데미서점, 우리서점, 고서점, 경원서점, 신흥서점, 전주서점, 평화서점, 재건서점, 한일서점, 대한서점, 동아서점, 전지서점, 동문서점, 우주서점, 샛별서점, 우측 상단부터 아래로 청과서점, 학생서점, 송학서점 등 24개의 서점이 있었다. 2000년에는 좌측 상단부터 아래로 신일서점, 대광도서만화, 글사랑서점, 무지개서점, 금강문고, 문화컴퓨터서적, 통일서적, 한가서점, 홍지서림, 탑외국어서림, 태양서림, 글샘서점, 꼬비서적, 민중서관, 문화서적, 우측 상단부터 아래로 풍남서림, 소신서점, 계몽서적, 통하라서적, 일신서점, 책과사람들, 책천지, 일도문고 등 23개의 서점이 있었다.

368) 「동문거리에서 추억 만들어요」, 『전북일보』, 2002.6.4.

369) 「동문거리축제 시민이 만들어요」, 『전북일보』, 2002.3.13.

370) 「동문거리에서 추억 만들어요」, 『전북일보』, 2002.6.4.

371) 「전주 경원동 동문거리축제 8~9일 열려」, 『전북일보』, 2002.6.9.

372) 「동문거리축제 시민이 만들어요」, 『전북일보』, 2002.3.13.

373) 「2003문화희망, 이 사람! 공공작업소 심심 김병수 대표」, 『전북일보』, 2003.1.19.

374) 「동문거리 꾸미기 앞장 공공작업소 심심 김창환씨」, 『전북일보』, 2007.12.19

375) 「내홍 겪는 전주동문 상점가 상인회 ① '전통시장 활성화 지원금' 두고 진실 공방 "회장 맘대로 골동품 사" "절차상 문제 없다"」, 『전북일보』, 2017.4.18.
376) 「동문예술장터서 '사람중심 콘텐츠' 즐겨요」, 『전북중앙신문』, 2017.10.17.
377) 「전주문화재단 '나눔콘서트 다움' 수익금 기부 눈길」, 『전북중앙신문』, 2017.11.14.
378) 이정환, "샛江", 『창작과 비평』 10, 창비, 1975, 3-92쪽과 이중연, 『고서점의 문화사』, 혜안, 2007, 251-339쪽의 내용을 참고하였다.
379) 「'韓國의 밀턴' 작가 李貞桓」, 『동아일보』, 1981.9.26. 7면
380) 「독특한 마케팅으로 창업 붓물」, YTN, 2014.3.8.
381) 그가 작곡한 작품으로는 사랑과 평화의 "내 진정으로", 소방차의 "그녀에게 전해주오", 나미의 "빙글빙글", "슬픈 인연", 혜은이의 "파란 나라", 정수라의 "환희", "진", 유열의 "친구의 사랑", 김승진의 "유리창에 그린 안녕", 박상민의 "청바지 아가씨" 등이 있다. 편곡한 작품으로는 사랑과 평화의 "한동안 뜸했었지(이경애 작사, 김이환 작곡)", 이용의 "잠들지 않는 시간(박건호 작사, 이범희 작곡)", 전영록의 "아직도 어두운 밤인가봐(전영록 작사, 김정택 작곡)", 김현준의 "아! 대한민국 feat. 민해경(박건호 작사, 김재일 작곡)", 소방차의 "어젯밤 이야기(박건호 작사, 이호준 작곡)", 이문세의 "그대와 영원히(유재하 작사, 유재하 작곡)", 유열의 "이별이래(박건호, 작사, 최종혁 작곡)", 이선희의 "아! 옛날이여(송수욱 작곡, 송주호 작곡)", 최호섭의 "세월이 가면(최명섭 작사, 최귀섭 작곡)", 원준희의 "사랑은 유리 같은 것(최명섭 작사, 최귀섭 작곡)", 김승진의 "스잔(정은이 작사, 남국인 작곡)", 박남정의 "사랑의 불시착(이호섭 작사, 김기표 작곡)", 민해경의 "그대는 인형처럼 웃고 있지만(강인원 작사, 강인원 작곡)", 김종찬의 "토요일은 밤이 좋아(박건호 작사, 이호준 작곡)", 박정운의 "오늘 같은 밤이면(박정운 작사, 박정운 작곡)", 이상은의 "언젠가는(이상은 작사, 이상은·안진우 작곡)" 등이다. 위키백과(검색어: 작곡가 김명곤)
382) 「전주에도 '김명곤의 거리' 만들어 주세요」, 『새전북신문』, 2016.5.1.